心が洗われ、迷いが晴れる！

般若心経入門

高野山真言宗大僧正
傳燈大阿闍梨
大栗道榮

はじめに

四国各地に点在する八十八カ所の霊場を巡拝するお遍路さんは、札所ごとにかならず般若心経を唱えます。

これには深いわけがあるのです。

弘法大師空海が始めた真言密教の教えは、一対の曼荼羅図《まんだらず》に表されます。一枚は、悟りの境地を満月にたとえた〈金剛界曼荼羅《こんごうかいまんだら》〉です。そこには一四六一体の仏さまが九室に分かれて描かれています。

もう一枚は、悟りの境地を太陽にたとえた〈胎蔵界曼荼羅《たいぞうかいまんだら》〉です。そこには四一四体の仏さまが、十三室に分かれて描かれています。

この十三室の各室から、一体ずつ仏さまの代表者に出てきていただいたのが

〈十三仏〉です。

そして、四国八十八カ所霊場は、胎蔵界曼荼羅の思想を表したものなのです。

その思想は、胎蔵界曼荼羅の元になっている経典『大日経《だいにちきょう》』です。

それは、凡人が〈発心《ほっしん》（出家を決心）〉して、〈修行〉して、〈菩提《ぼだい》（悟り）〉を開いて、〈涅槃《ねはん》（悟りの世界）〉に入り、〈究竟《くぎょう》（究極）〉は仏になる（これを**『五転の法門』**といいます）、という五つの過程を四国各地に当てはめてあります。

徳島が発心、高知が修行、愛媛が菩薩、香川が涅槃であり、最後に高野山を究竟とするのです。

空海は嵯峨《さが》天皇にご進講された般若心経を、五転の法門に分析しています。

発心＝観自在《かんじざい》から度一切苦厄《どいっさいくうやく》まで
修行＝舎利子《しゃりし》から以無所得故《いむしょとくこ》まで

菩薩＝菩提薩埵《ぼだいさった》から三菩提《さんぼだい》まで
涅槃＝故知《こち》から真実不虚《しんじつふこ》まで
究竟＝羯諦《ぎゃてい》から般若心経《はんにゃしんぎょう》まで

真言密教は宇宙の根源からみた「ものの観方」であり、その法則を「道理」といいます。

この道理を知り、身につけることにより、人生が豊かになる智恵が授かるのです。

般若心経の解説書は数多く出ていますが、ほとんど説く側から書かれているのと、悟りを開くまでのことを詳しくのべてありますが、悟ってからのことを詳しく書いたものはあまり見かけませんでした。

本書は、大石くんと小石くんという二人の人物が教わる立場に立って、一所けん命に考えたり訊いたりしています。

それに答えるように和尚が、〝仏さまの境地に達してから、それから何をするのか〟を、かなり細かくおしゃべりをしています。

楽しみながらご納得いただけたら、こんな嬉しいことはありません。

道榮

もくじ

仏《ぶっ》説《せつ》摩《まー》訶《かー》般《はん》若《にゃー》波《はー》羅《らー》蜜《みー》多《たー》心《しん》経《ぎょう》

観《かん》自《じー》在《ざい》菩《ぼー》薩《さー》行《ぎょう》深《じん》般《はん》若《にゃ》波《はー》羅《らー》蜜《みー》多《たー》時《じー》照《しょう》
見《けん》五《ごー》蘊《うん》皆《かい》空《くう》度《どー》一《いっ》切《さい》苦《くー》厄《やく》舎《しゃー》利《りー》子《しー》色《しき》不《ふー》
異《いー》空《くう》空《くう》不《ふー》異《いー》色《しき》色《しき》即《そく》是《ぜー》空《くう》空《くう》即《そく》是《ぜー》色《しき》受《じゅー》
想《そう》行《ぎょう》識《しき》亦《やく》復《ぶー》如《にょー》是《ぜー》舎《しゃー》利《りー》子《しー》是《ぜー》諸《しょー》法《ほう》空《くう》相《そう》
不《ふー》生《しょう》不《ふー》滅《めつ》不《ふー》垢《くー》不《ふー》浄《じょう》不《ふー》増《ぞう》不《ふー》減《げん》是《ぜー》故《こー》空《くう》
中《ちゅう》無《むー》色《しき》無《むー》受《じゅー》想《そう》行《ぎょう》識《しき》無《むー》眼《げん》耳《にー》鼻《びー》舌《ぜっ》身《しん》意《にー》
無《むー》色《しき》聲《しょう》香《こう》味《み》觸《そく》法《ほう》無《むー》眼《げん》界《かい》乃《ない》至《しー》無《むー》意《いー》識《しき》
界《かい》無《むー》無《むー》明《みょう》亦《やく》無《むー》無《むー》明《みょう》盡《じん》乃《ない》至《しー》無《むー》老《ろう》死《しー》亦《やく》

無《むー》老《ろう》死《しー》盡《じん》無《むー》苦《くー》集《しゅう》滅《めつ》道《どう》無《むー》智《ちー》亦《やく》無《むー》得《とく》以《いー》無《むー》所《しょー》得《とく》故《こー》菩《ぼー》提《だい》薩《さっ》埵《たー》依《えー》般《はん》若《にゃー》波《はー》羅《らー》蜜《みー》多《たー》故《こー》心《しん》無《むー》罣《けー》礙《げー》無《むー》罣《けー》礙《げー》故《こー》無《む》有《う》恐《く》怖《ふ》遠《おん》離《りー》一《いっ》切《さい》顛《てん》倒《どう》夢《むー》想《そう》究《くー》竟《ぎょう》涅《ねー》槃《はん》三《さん》世《ぜー》諸《しょー》仏《ぶっ》依《えー》般《はん》若《にゃー》波《はー》羅《らー》蜜《みー》多《たー》故《こー》得《とく》阿《あー》耨《のく》多《たー》羅《らー》三《さん》藐《みゃく》三《さん》菩《ぼー》提《だい》故《こー》知《ちー》般《はん》若《にゃー》波《はー》羅《らー》蜜《みー》多《たー》是《ぜー》大《だい》神《じん》呪《しゅ》是《ぜー》大《だい》明《みょう》呪《しゅ》是《ぜー》無《むー》上《じょう》呪《しゅ》是《ぜー》無《むー》等《とう》等《どう》呪《しゅー》能《のう》除《じょ》一《いっ》切《さい》苦《くー》真《しん》実《じつ》不《ぷー》虚《こー》故《こー》説《せっ》般《はん》若《にゃー》波《はー》羅《らー》蜜《みー》多《たー》呪《しゅー》即《そく》説《せつ》呪《しゅー》日《わっ》羯《ぎゃー》諦《てー》羯《ぎゃー》諦《てー》波《はー》羅《らー》羯《ぎゃー》諦《てー》波《は》羅《ら》僧《そう》羯《ぎゃー》諦《てー》菩《ぼー》提《じー》娑《そ》婆《わ》訶《かー》般《はん》若《にゃー》心《しん》経《ぎょう》

仏説《ぶっせつ》の巻

「和尚。変なんですよ」

席につくなり、大石くんが首を傾けていう。

「何が変なの？」

「たしか般若心経の題名は〝仏説摩訶般若波羅蜜多心経《ぶっせつまかはんにゃはらみたしんぎょう》〟というんですよね」

「そうだよ」

「明日から般若心経の講義なので、ゆうべ、仏壇においてある経本を開いてみたら、最初の〈仏説〉という字が抜けているんです。もしかして印刷ミスでしょうかねぇ」

「大石くん。きみの家は何宗？」

「ええーっと、多分禅宗だったと思います」

「多分だなんて、自分の家の宗旨ぐらい覚えておきなさいよ。でも、そうだとすると、それは印刷ミスではない。禅宗は、仏説という文字がつかないんだ」

「どうしてですか？」

「それは細かくいえば、般若心経には十一種類もの訳がある」

「ぼくは、てっきり一つだと思ってました。もう少しくわしくいってください」

と、大石くんはせまってくる。

「般若心経が初めて日本に伝えられたのは、天智天皇の頃だが、それは孫悟空で有名な唐の玄奘三蔵《げんじょうさんぞう》とか、インド僧の鳩摩羅什《くまらじゅう》たちが漢語に訳したものだ。その般若心経は、本文わずか二百六十二文字のお経だが、すごい神通力《じんつうりき》のある呪文なので、七五八年、淳仁《じゅんにん》天皇がびっくりして、大衆にすすめたという」

「へええ、呪文ですって？　忍者が姿を消すときに、印を結んで唱える、あの言葉ですか？」

今までだまっていた小石くんが、急に体を乗り出してきた。

「そうだよ。呪文は梵字《ぼんじ》（サンスクリットという古代インドの言語）で書いてある、とても深くて尊い意味を持っている言葉だ」

「じゃあ、般若心経の呪文を唱えたら、すごい神通力が身について、何でも願いがかなうんですね。そんなことを体験した人がいるんですか？」

「いるとも、大石くん。きみは塙保己一《はなわほきいち》って名前を聞いたことがあるかい？」

きゃしゃな体の小石くんの横で、あぐらを組んでいる、がっしりした体つきの大石くんは、大きくうなずいた。

「ええ、江戸時代の盲目の国学者です。『群書類従《ぐんしょるいじゅう》』という、ぼう大な図書目録を作った人です」

「ほう、よく知ってるね。保己一は一七七九年、安永八年から四十四年間かけて、正編五三〇巻と続編一一五〇巻の目録を完成したが、そのパワーの原動力は、般若心経の神通力だったんだよ」

「いや、そこまでは知りませんでした」

「保己一はね……」

……七歳のときに盲目になったが、人に読んでもらった書物は、一度で暗記してしまう、すばらしい記憶力をもっていた。そのうえ、たいへんな努力家だったので、二十五歳までには古今の有名な書物は、すべて暗記してしまった。

二十七歳のとき、〝今まで暗記した書物を、全部出版しよう〟と、大きな願いを立てた。

保己一が尊敬する鍼《はり》の先生である雨富検校《あめとみけんぎょう》に相談すると、

「塙くん。世に名を残すほどの大事業をするには、神仏のお加護がなくては成功しないぞ」

と、いわれた。そこで平河天満宮に参拝したとき、

〝今日から、般若心経を毎日百巻、一万日（約三十年）唱えますから、私に神通力をお与えください！〟

と、いわゆる〈般若心経百万巻読誦行《どくじゆぎよう》〉の誓いを立てた。その日から、般

若心経を十巻唱えるごとに、奥さんに、こよりを一本、箱の中に入れさせた。

「こうして保己一は、七十六歳で死ぬまで四十九年間、一日も休まずに唱え続けたんだよ。小石くん、合計何巻唱えたと思う？」

「はい。一日百巻ですから、一カ月で三千巻、一年で、えーっと、ちょっと電卓を借ります」

小石くんは立ち上がって事務所へ行き、電卓をたたきながら戻ってきた。

「一年で三万六千五百巻ですね。四十九年だから、うわぁお！　百七十八万八千五百巻ですよ」

「和尚。それは本当ですか？」

大石くんが、けげんそうに聞く。

「うん。埼玉県児玉町に、塙記念館があってね。そこには、般若心経御巻数《おんまきかず》帳《ちょう》という記録帳が残っているらしい。いずれにしても、目の不自由な保己一が前人未到の大事業を完成できたのは、和尚は、般若心経の神通力だと思うね」

「すごい！　ところで神通力って、どんな力ですか？」

「それはね……」

……神通力は六神通《ろくじんづう》といって、六つの不思議な徳の働きをいう。

一つは宿命通《しゅくめいつう》といって、自由に過去のことがわかる不思議な力。

二つは天眼通《てんげんつう》といって、肉眼で見えないものを見る不思議な力。

三つは漏尽通《ろじんつう》といって、自由に煩悩《ぼんのう》を断ちきる不思議な力。

四つは天耳通《てんじつう》といって、人間の耳で聞けない声を聞く不思議な力。

五つは神境通《じんきょうつう》といって、自由に飛行できる不思議な力。

六つは他心通《たじんつう》といって、自由に他人の考えていることがわかる不思議な力。

「ふーん。般若心経という呪文には、そんな働きがあるんですか。よし！　今日から、ぼくも真剣に唱えて、神通力を身につけよう」

どんぐりまなこを一杯に開き、鼻の穴をふくらませて意気ごむ小石くんを、大石くんはいさめる。

「小石よ。そんなに力んでも無理だよ。それより、和尚にゆっくり意味を教わろうよ。ところで和尚。般若心経の題名は、全部呪文ですか？」

「おお、そのことよ。〝仏説摩訶般若波羅蜜多心経〟の十二文字が題名だが、その中で、摩訶般若波羅蜜多という八文字が梵語の呪文、あとの仏説と心経の四文字は、唐の翻訳家がつけた漢字だよ」

「なるほど。和尚！　うちの仏壇にあった禅宗の般若心経は、きっと訳者が違うから、仏説という言葉がなかったんですね」

「そのとおりだよ。どのお経でもそうだが、題名は、とても大切なものだ。題名を見れば、お経の内容が、おおよそ想像できるからね」

「へええ。そんなものですか？　じゃあ般若心経も、たった十二文字の題名の中に、すべての内容が入っているんですね」

「そうだよ」

「すごいなあ！　ますます楽しみになってきました。和尚、さっそく仏説に入りましょう」

「大石さん。そんなに力んでも無理ですよ。ぼつぼつ行きましょうよ。ねえ、和尚！」

「さて、仏説は、文字どおり、仏が説くということだが、ここで仏というのは、だれのことだと思う？」

「はい。お釈迦さまです。でも和尚、お釈迦さまは、どうして、こんな難しいことばかりいわれたのでしょうか。法事でお経を聞いていても、ちんぷんかんぷん。足がしびれるのと、眠いのをがまんするのが精一杯です」

「ハハ、そうだろう。もともとお釈迦さまは、難しいことなど、一つもいっていない。

人間が幸せに楽しく暮らすための生き方を教えているだけだ。たとえば、欲の深い人や、ことば巧みな人や、浪費家とはつき合うな、とか。

忠告してくれる人や、思いやりの深い人や、苦楽を共にできる人とつき合いなさい（スッタニパータより）、とかね。

それを漢文に訳したのを、日本人が棒読みしているから、さっぱりわからないんだ。

大石くんのいうとおり、仏とは、お釈迦さまのことだが、和尚はね、お釈迦さまはエイリアン（異星人）だと思っている」

「なんですって？　本気ですか？」

「本気だとも。エイリアンが遠い星から地球を眺めていて、〝かわいそうに！　人間はだれでも修行をすれば仏になれる素質を持っているのに、それを知らない。

どれ、わたしが地球へ下りていって、人間に生まれてみよう。そして修行すれば、仏になれることを証明してみせてやろう〟

と考えて、インドの王子に生まれてきたんだよ」

「まさか！」

「それでも和尚は信じているのさ。お釈迦さまは、七年間も、自分の肉体をいためつけて難行苦行してみたが、悟りが開けない。

そこで、こんどは見方を変えて、菩提樹《ぼだいじゅ》の下で瞑想にふけり、ようやく悟りを開いて仏さまになった。

仏説というのは、いまは仏さまになった元お釈迦さまが、その悟りの内容を語ってくださることなんだ。

ところで、きみたちが説くことを何というか、知ってるかい？」

「……？」

「凡説というのだ」

「それは何ですか？」

「きみたちは凡人だろう？　凡人が説くから凡説さ」

とたんに、大石くんのほほがゆるんだ。

「ハハ、仏説の反対は凡説ですか。しかし、凡人はどんなことを説くのかなぁ」

「まず凡人は、うそを説く。

　とくに凡人の坊さんは、悟ってもいないのに、いかにも自分は悟ったようなうそをいう。凡人の神主さんや牧師さんだって、見てもいない神さまのことを、よく知っている身内のように、とくとくと説いている」

「なるほど。そういわれれば納得できます」

「つぎに凡人には、お世辞、おべっかを説いて聴衆を持ちあげたり、さんざん競争相手の悪口をいって、相手をこきおろす。そして、あることないこと、でたらめをでっち上げて、自分を最上の人間のように説く。これが凡説だよ」

「和尚のおっしゃるとおりです。仏さまは、うそをついたり、おべんちゃらをいったり、人の悪口をいったり、人をひぼう中傷して、仲違いさせるようなことは説きませんね。

　仏さまの口から出る言葉は、すべて真実なんですよね」

「うん。仏さまのお説教は、八万四千の法門という。

仏さまは、対機説法《たいきせっぽう》といってな、その時に応じ、その場に応じ、その人に応じて、八万四千もの種類の人生の道理を説いて回られた。

人間社会が円満に幸せに過ごせるには、みんなが道理のルールを身につけなさい、と説いておられる」

さきほどから和尚と大石くんの顔を見くらべながら聞いていた小石くんが、口をはさんだ。

「和尚。凡説はいいませんから、そろそろ呪文のほうに移ってくださいよ」

「そうだな。仏説のつぎは、摩《ま》訶《か》般若《はんにゃ》だが……」

摩《ま》訶《か》般《はん》若《にゃ》の巻

「さて、摩《ま》訶《か》とは、大きいこと。それもとてつもなく大きいことだ。あるいは、とてつもなくすぐれていることだよ」

と、いって和尚は、つと立ち上がり、白板にこう書いた。

——空のように大きな心で、みずからのいのちを生きよう。
海のように慈しみの心で、すべてのいのちを生かそう——

「大石くん。これは何だかわかるかい？」

「いえ、空のような心と、海のような心とは、これはまた、でっかいですね」

「ところで、弘法大師の名前は何といったっけ？」

「空海……。あっ空海さんの名だ！　なるほど。名は体をあらわすというとおりですね」

「そう。空海さんは、こんなどでかい願いをこめて、自分の名を決めたんだな」

「そうかあ。弘法大師さんは、空海という名を自分でつけたんだ。名前というのは、自分が死んでも永久に残るから大事なことですね。

和尚の道榮《どうえい》という名も、りっぱなお名前ですね。〝道理が榮える〟という意味にとれます。どなたがつけられたんですか？」

「和尚が得度《とくど》したとき、この名前をつけた師僧（祖父）にいわせると、〝道《どう》でも榮《ええ》〟とも、読むんだそうだ」

とたんに大石くんは噴き出した。

「ハハ、そんなバカな！　でも、和尚。ぼくが得度するときは、でっかい法《ほう》名《みょう》をつけてくださいよ」

「わかった。なにしろ苗字が大石だからな」

「まいりました。さあ和尚、つぎは般若《はんにゃ》ですよ」

「おお、そうだ。小石くん、般若とは、どういう意味かな？」

「はーい。和尚はぼくに尋ねると思ってましたよ。よく般若の智慧っていいますが、智慧のことでしょ」

得意そうに答える小石くん。

「そのとおり。摩訶般若は、すぐれた智慧、どでかい智慧だな。だが、その智慧にも、いろいろある」

「ちょっと変なことお訊きしてもいいですか？」

「何かな、大石くん」

「能面に般若の面というのがありますが、あれは角が生えた恐ろしい形相の鬼女ですよね。

智慧と鬼女の面とは、どう結びつくんでしょう？」

「おお。能の般若の面ね……」

……昔、演劇の中心は、能だった。能は能面がいのちである。般若坊という面打ちの名人がいた。般若坊は、嫉妬に狂う女の怒りと悲しみを表現するのに、長い間苦しんだ末に、鬼女の面を作り上げた。

これが大評判となり、鬼女の面をハンニャと呼ぶようになった……


「だからハンニャの面と智慧は関係ない」

「なぁーんだ」

「だがな大石くん。般若坊は、あまりの悲しみと怒りで鬼女になった女の本心は、やはり仏さまなんだ、というので、自分が打つ鬼女の面の内側には、かならず仏さまのお顔を描いたという。

これを〝内面女菩薩《ないめんにょぼさつ》、外面女夜叉《げめんにょやしゃ》〟というんだ」

「なるほど」

「仏さまは、苦しんでいる人を救うために、ときとして非情な手段をとることもある……」

……たとえば舟が沈んで、一週間も飲まず食わずで漂流している人を助け上げたとき、やさしいことばをかけると、安心して死んでしまう。ボートに救い上げたら、「しっかりしろ！」と、いきなりぶん殴ると、シャンとするようなものだ……

「和尚は、お医者さんから揮毫《きごう》をたのまれたとき、〈鬼手仏心《きしゅぶっしん》〉と書くことがある。

医者はメスを持って患者を傷つけるが、それは患者の命を救うためである。つまり、手は鬼のようだが心は仏だよ、ということを表す」

「ふーん。キシュブッシン！　よし、ぼくも女房に、この手でいくか」

「小石よ。おまえの場合は、鬼手鬼心じゃないのかい？　しかし、和尚。鬼手仏心は、やはり仏の大きな智慧なんでしょうねえ……」

「だがね大石くん。知恵には、良いものも悪いものも、いろいろあるぞ」

「えっ？」

だまって聞いていた小石くんが口を開いた。

「和尚、ぼくはわかります。猿知恵や悪知恵でしょう」

「ほう、小石くんは知恵者だな」

「冷やかさないでください。猿知恵って、どんなことです？」

「利口そうでも、間が抜けていることだよ。朝三暮四《ちょうさんぼし》といってね……」

……昔、中国に猿を飼っている人がいた。その年は、農作物が不作だったので、猿に「朝三つ、夕方四つ、トチの実をやろう」といったら猿が怒ったので、

「では朝四つ、夕方三つにしよう」

というと、猿が喜んだという……

「猿知恵なら、まだかわいいが、強弁《きょうべん》でもって相手をペテンにかけ、合法的

に詐欺をはたらく悪徳不動産業者や悪徳弁護士は、悪知恵にたけているから始末が悪い。

また、完全犯罪をもくろんで、一生懸命に知恵をめぐらすのも悪知恵だな。

こういうやつらは、かならず地獄に行くのを知らないから、悪知恵も、やっぱり猿知恵かねえ。

ほんとうの智慧というのは、物事を正しく理解する智慧のことでね。これを〈悟りの智慧〉というんだ」

「悟りの智慧ですって？」

「そうだ。般若心経というお経の目的は、一つは〈抜苦与楽《ばっくよらく》〉といって、人びとの苦しみを抜いて、楽しみを与えること。

もう一つは〈止悪作善《しあくさぜん》〉といって、悪いことをやめさせ、善いことをさせることに尽きる。

摩訶般若は、そのための大きな智慧だ」

「しかし物事を正しく理解する智慧というのは、どうすれば生まれてくるんでしょう？」

「それはね、大石くん。心を落ち着けることが一番だよ」

「どうやれば心が落ち着きますか？　われわれ凡人は、しょっちゅう心がいらいらしているので、ぜひ、それは知りたいことです」

「それにはまず、身をつつしむことだな」

「なんですって？」

とつぜん、つつしむなどということばが出てきたので、大石くんは目を丸くした。

「いいかい。すぐれた智慧は、落ち着いた心から出てくる。落ち着いた心は、行動をつつしむこと・口をつつしむこと・心がけをつつしむことから生まれてくるんだ。人はだれでも、三つのしたいことと、二つのほしいことを持っている。小石くん、わかるかい？」

「はい」

こういうときの小石くんは、返事がいい。

「まずはセックスがしたいです」

「おいおい小石。そんなにはっきりいうなよ」

という大石くんには目もくれない。

「つぎは、おいしいものが食べたいです。そのつぎは眠りたいでーす」

「うん。それで三つだな。あと二つは？」

「えーと。あ、そうだ。お金がほしいです。そのつぎは……大石さんたのむ！」

バトンタッチされた大石くんは、名誉がほしいと、明快に答える。

「二人とも、よくお聞きよ。三つのしたいことは限度があるが、二つのほしいことは、どこまでいっても限度がない。

これをつつしまないと、とても落ち着いた心になれないね」

小石くんが小さい声でいう。

「大石さん、こりゃたいへんだ。三つのしたいことと、二つのほしいことは、ぼくらにとって楽しみなのに、つつしめなんて、それはひどい。

これでは心が落ち着くどころか、大きな智慧なんて、とてもおぼつかない。大きな智慧は、もっと頭の良い人にまかせて、ぼくのようなバカは、あきらめたほうがよさそうです」

聞いていた和尚が静かにいう。

「正しく理解する正しい智慧は、どんな人にもそなわっているが、なにごともコツコツと続けていれば、突然、智慧が飛び出してくるものだ。こんな話がある……」

……お釈迦さまが、祇園精舎《ぎおんしょうじゃ》におられた頃、チューダパンタカという弟子がいた。

三年たっても、一字のお経も覚えられないので、みんなからバカにされていた。自分でもいやになり、ある日の夕暮れ、お釈迦さまにあいさつして坊さんをやめよう、と精舎の入口で立っていた。

やがてお帰りになり、チューダパンタカの話を聞いたお釈迦さまは、だまって、チューダパンタカの手にほうきを持たせ、こうおっしゃった。

「いいかいチューダ。明日から一日中、〝塵《ちり》をはらい、垢《あか》を除かん！〟といって、庭を掃きなさい」

翌朝から、チューダパンタカはくる日もくる日も、いわれたとおり、そのことばを呪文のように唱えながら掃除を続けた。

そのあいだ、〝いったい、どういう意味なんだろう？〟と、考え続けていたが、七年目に入ったある朝、チューダパンタカの頭に、稲妻のように智慧が走った。

「わかったぞ！　心の塵をはらい、煩悩《ぼんのう》の垢を除け、ということだったんだ」

驚いたことに、その日から手にとる経文は一度読めば、すべて理解できるようになり、やがてチューダは、お釈迦さまの優秀な弟子の一人として後の世に名を残すことになった……

「和尚、安心しました。ぼくのような鈍い頭でも、チューダパンタカのように、一つのことをやり続けていると、智慧の稲妻が走るんですね。でも、七年は、ちょっと長いな！」

と、つぶやく小石くんに、大石くんはいうのである。

「小石よ。それは猿知恵だよ。それより、お釈迦さまや空海さんのような大きな智慧は、いったいなんのためなのか、和尚に尋ねようよ」

波《は》羅《ら》蜜《み》多《た》心《しん》経《ぎよう》の巻

「和尚。いよいよ波羅蜜多《はらみた》が出てきましたね。ぼくは仏壇の前で、ときどき般若心経を唱えるんですが、意味はわかりませんが、いつも、ハーラーミーターというたびに不思議な気持ちになるんです。

きっと、このことばには深い意味があるんでしょうねえ」

大石くんが考えぶかげにいうと、横に座っている小石くんが、

「へええ。ぼくはハラミタということばを聞くたびに、〝腹見た〟と思ってしまうんですよ」

と、視線を中年太りしはじめた大石くんのお腹に当てた。

「こらっ小石！」

こぶしを振り上げる大石くんと、急いで首をすくめる小石くんは、お互いにいいたいことをいうが、いつもコンビで研修しているのは、よほど相性がいいのであろう。

「小石くん。きみと同じことを昔の人も考えたようだよ」

と、和尚が妙なことをいいだした。

「えっ、何のことです？」

二人が同時に尋ねるのに答えて、和尚は、こんな話をした。

「昔の庶民は文盲の人が多かった。その人たちにも、ありがたい般若心経が覚えられるようにと、元禄年間（一七〇〇年頃）に盛岡の版元が、経文をすべて絵で表した。

これを〈絵心経《えしんぎよう》〉といって、いまでも残っている。ちょっとお待ち……」

和尚は、書棚の奥から一枚の古びた紙を取り出した。

「たとえば、こんな風だよ。読んでごらん」

「どれどれ、ぼくが読んでみます」

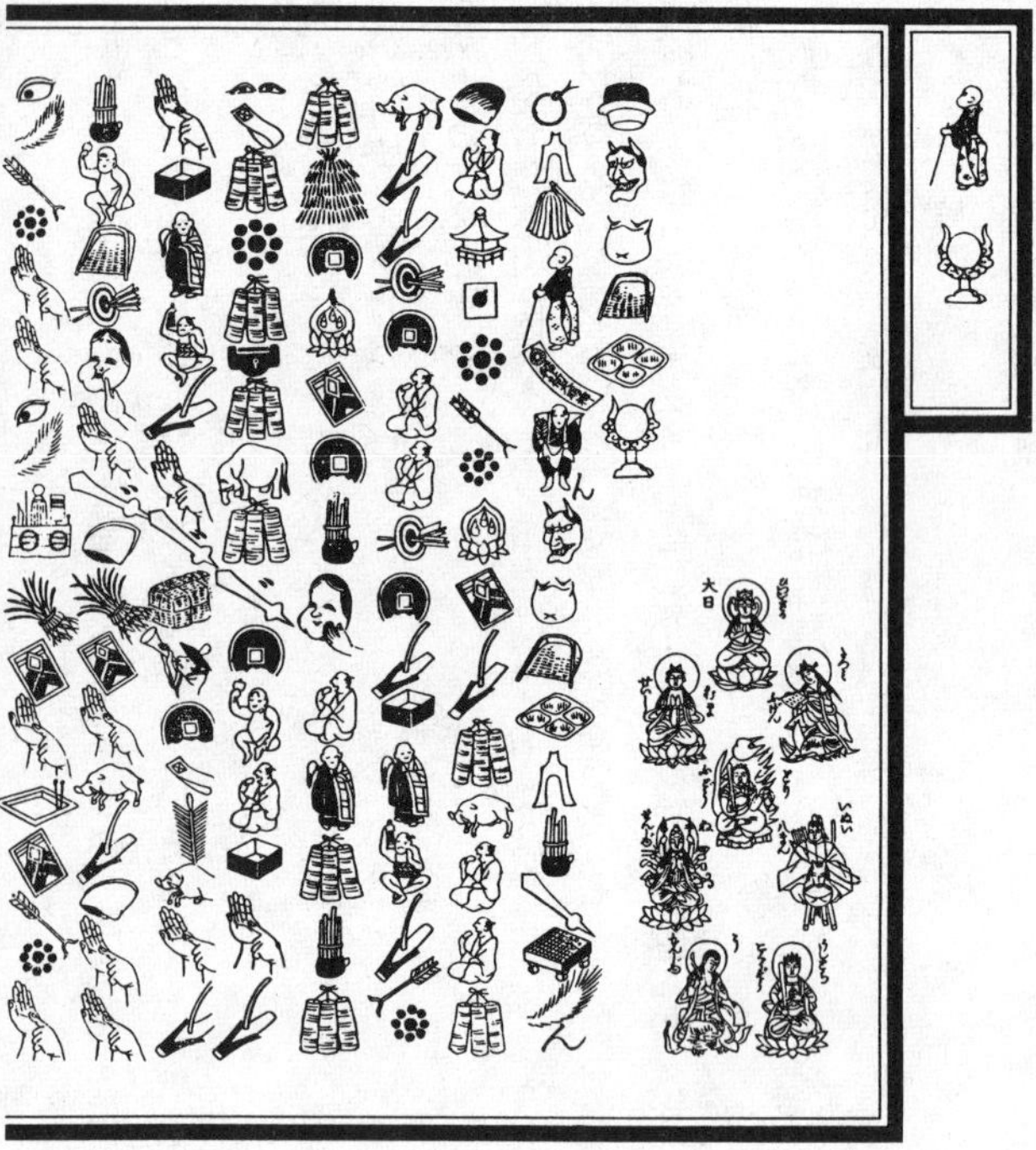
大日

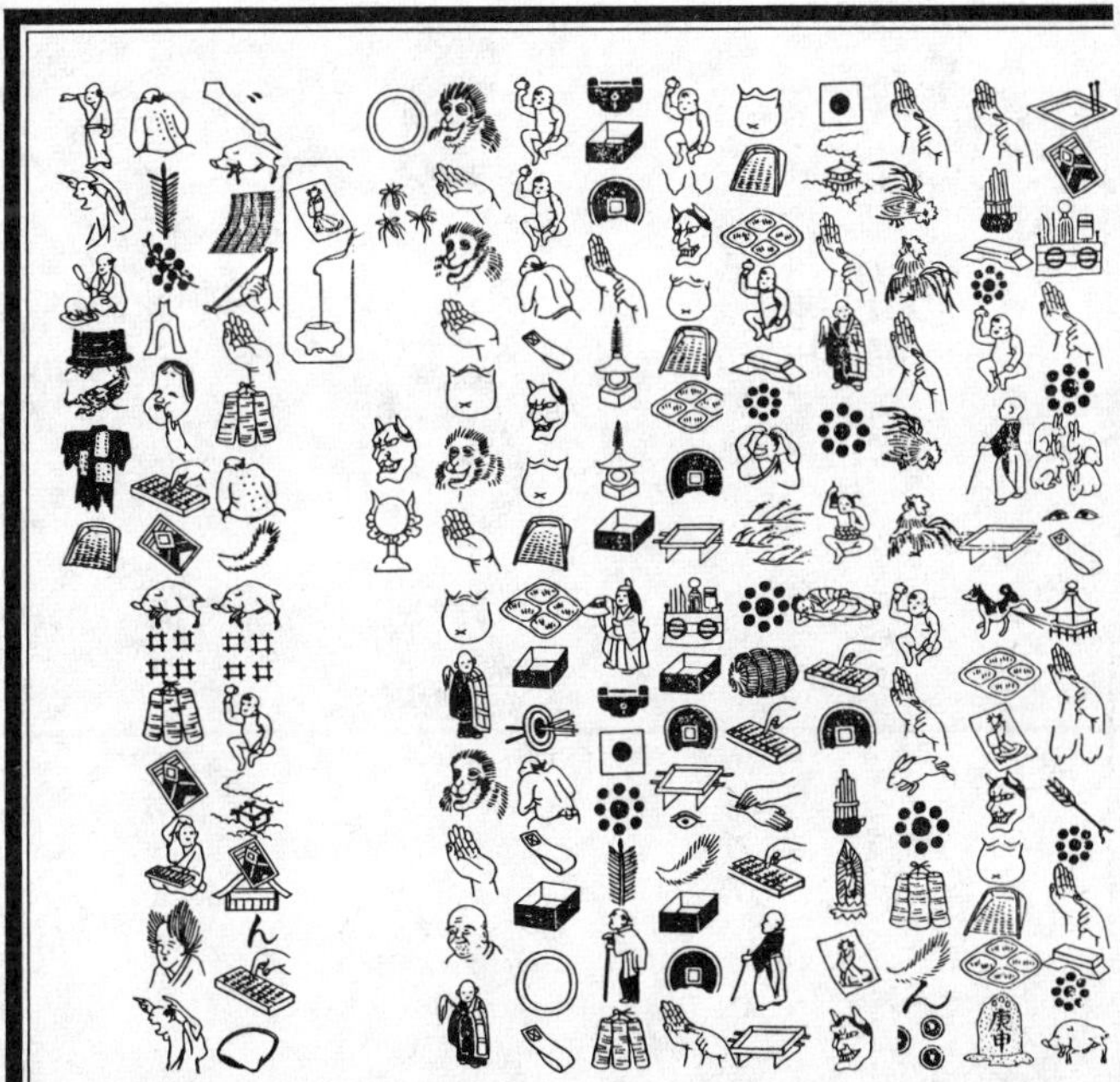
ん
ん
庚申

小石くんは、勢いよく読みはじめた。

「ええーっと、はじめに……こりゃなんだ？　釜が逆さに描いてある」

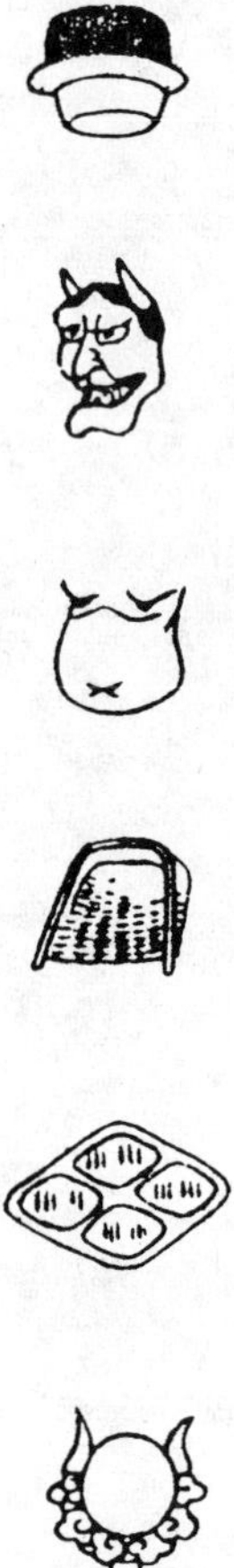

「それは釜が逆さだからマカだよ」
と、大石くんが助け舟を出す。
「なるほど。つぎは般若の面だからハンニャか。つぎは、あっ！　和尚のいうとおり、お腹が描いてあるから、ハラだ。こりゃおもしろい。そのつぎは、ざるの画です。これはわかりません」

「それはモミをふるう箕《み》だよ。昔の農民は脱穀するのに、ミを使ったのさ」

「そのつぎもわかりません。お盆の上にお皿が四枚あります」

「それは田んぼだ。苗が植えてあるだろ」

「なるほど、それで、夕ですね。では最後の雲の上のお月さまは」

「お月さまじゃなくて、神鏡だ。ほれ、神社へ行くと、神殿の奥に丸い鏡がお祭りしてあるでしょう」

「ああ、神さまのご神体ですね。あれをシンギョウというんですか」

「小石よ。マカハンニャハラミタシンギョウと、題名を読むだけで、こんなに苦労するんだから、本文を読むと日が暮れちゃうよ。それより和尚。ハラミタの意味に入りましょう」

じれったそうに大石くんがいう。

「よろしい。では大石くんはハラミタとは、どういう意味だと思うかね？」

「はい。中国人は外国語の音《おん》読みに合わせた、同じ意味を持つ漢字を作るのが上手と聞いてます。だから、ぼくは波羅蜜多の漢字を見て、こう考えました。

……波は人間の心の波動だ。羅は連なるということだから、つぎからつぎへと連なっている波の行方をたどってゆくと、蜜の多い処に行きつくのだ……と」

「なるほど。そんな解釈は初耳だが、なかなかいい線をいってるね。当たらずといえども遠からじだよ。波羅蜜多は〈彼岸に入る〉ということだ」

「えっ。春・秋のあの彼岸ですか？」

「うん。波羅蜜多は……」

……梵語《ぼんご》でパーラミッターといって、此岸《しがん》（こちらの岸）から彼岸（あちらの岸）に入ること。つまり彼岸に渡ることをいう。

此岸とは、煩悩にまみれて四苦八苦している人間が、うろうろさまよっている俗世間のこと。

彼岸とは、煩悩はさらりと消えて、冴えわたった満月のような悟りの世界である。

この此岸と彼岸の間には三途《さんず》の河《かわ》という、とてつもなく広い大河が大波を立てて流れている……

「その大波を乗り越え乗り越えして、ようやく蜜の多い彼岸にたどりつく、という大石くんの説は、まんざら間違いではない」

「ああ、よかった。でも和尚。三途の河といいますと、人間が死ぬと、かならず渡るという河でしょう。そうすると、此岸はこの世で、彼岸はあの世、ということになりますね」

「そうだよ」

「あ、和尚。思い出しました」

小石くんが手を上げた。

「去年、亡くなったおばあちゃんがいってました。三途の河を渡るには、三つの渡り方があるんですって。

ずっと上流には橋がかかっているんだけど、その橋は、生前に悪いことは一つもしないで、世のため人のためにつくしてきた人にしか見えないんですって。そして人を苦しめたり、悪いことばかりしてきた者は、濁流が渦巻いている処を、あっぷあっぷしながら泳いで渡るんですって？」

「ふーん。じゃあ、もう一つは？」

「生前に、良いことも悪いこともしているふつうの人には、渡し舟が見えるんですって。そこで船頭さんに六文銭を渡して、あちらの岸まで運んでもらうんですって。きっと、どこかのお寺さんで聞いたんでしょうねぇ」

「ハハ、それで地獄の沙汰も金次第というんだな」

と、大石くんはまぜっかえしたが、ふと真顔になっていう。

「ちょっと待ってくださいよ。波羅蜜多は、彼岸に入るということですよね。彼岸とは悟りの世界のこと。悟りの世界とは、仏さまの世界。つまり、そこは極楽ということになります。

そうしますと、春と秋のお彼岸のお墓まいりは、波羅蜜多となにか関係がありそうですね。そしてお彼岸って、どうして何日も続くんでしょう？」

「それはいい質問だよ。小石くん、お彼岸はいつだったかなぁ？」

「はい。ええーと、春のお彼岸は三月二十一日を中心にして前後三日間で、秋の彼岸は九月二十三日を中心にして前後三日間だったと思います」

「そう、春分・秋分を中心に前後三日を彼岸という」

「和尚。その中日をはさんで前後三日間というのに、意味がありそうですね」

「そのとおりだ。人は死後、だれでも生前に、その人がおこなってきた行跡によって、**六道**《ろくどう》（地獄道《じごくどう》・餓鬼道《がきどう》・畜生道《ちくしょうどう》・修羅道《しゅらどう》・人道《にんどう》・天道《てんどう》）をさまよっているという。

その人たちが、悟りの世界である彼岸に行くには、**六波羅蜜行**《ろっぱらみつぎょう》という修行をしなければならない。その修行とは……」

……一つは、**檀那波羅蜜**《だんなはらみつ》といって、施しをする修行。

……二つは、**尸羅波羅蜜**《しら》といって、戒めを守る修行。

……三つは、**羼提波羅蜜**《せんだい》といって、苦しみを耐え忍ぶ修行。

……四つは、毘梨耶《びりや》波羅蜜といって、精進努力する修行。

……五つは、禅那《ぜんな》波羅蜜といって、座禅をして落ち着く修行。

……六つは、般若波羅蜜といって、正しく物事を見て道理を知る修行である。


「そんなことを知らないで、あの世へ行った人たちが、六道のどこかをさまよっているかもしれない。

そこで六種供養《ろくしゅくよう》というものをさし上げて、〝早く六波羅蜜行の修行をして、六道から抜け出して悟りの世界へ行ってください〟と、祈るのだ」

「六種供養って何でしょう？」

「小石くんは、おばあちゃんのお墓へおまいりして、何を供える？」

「まず、お水ですね」

「そのお水は〈布施〉といって、施しをする修行の象徴だよ。物惜しみをする心をなくして、感謝する気持ちを表す。そのつぎは？」

「お花です」

「お花は忍辱《にんにく》といって、忍耐の修行の象徴だ。怒りやすい心を静めることを表す。それから？」

「ええーっと。ぼた餅と果物と、お酒かな」

「ほう。おばあちゃんは、お酒が好きだったのかい？」

「ええ。毎晩少しですが飲んでました」

「つまり、ご飯などの飲食物だな。それは禅定《ぜんじょう》といって、心を落ち着かせる修行の象徴なんだよ。それから？」

「お線香を供えます」

「それは精神といって、怠け心をなくす修行の象徴だ。そのつぎは？」

「ローソクを立てます」

「うん。ローソクの光は智慧といって、仏さまの智慧の象徴だ。人間の愚かな暗い心を、智慧の光で明るくすることを表す。これで五つだ。あと、もう一つは？」

「ええと。あとなんだっけ？」

と、大石くんの顔を見る。

「お香を手の平に塗るんだよ。小石は、そんなことやらないんだろう」

「うん、やらない」

「それじゃ、五種供養だな。お香を手の平に塗るのは塗香《ずこう》といって、行ないを正しくして、悪いことはさけて、良いことに励むことを象徴する。これを持戒《じかい》という。

お彼岸が、仏さまの日であるお中日をはさんで六日間続くのは、六道に落ちているかもしれない亡き人に、六波羅蜜行を教えてあげて、早く成仏することを願うんだよ」

「なーるほど。それじゃあ和尚。死んだ人だけしか彼岸に行けないじゃないですか」

「そんなことはない。生きている間に六波羅蜜行を続けていれば、いつのまにか生きながらにして彼岸に到着することができる」

「ほんとですか?」

「ほんとだとも。大石くん。きみは京都に詳しいと聞いているが、六波羅蜜寺《ろくはらみつじ》という寺を知っているかい？」

「ええ。たしか東山区にあります。小さい寺ですが、有名な処です。昔は大伽《だいが》藍《らん》だったそうですが、兵火で何度も焼けたそうですね」

「あの寺は九六三年に、鉦《かね》をたたきながら、京の町中を念仏を唱えて歩いた空《くう》也上人《やしょうにん》が創建して、六波羅蜜寺と名づけた。空也上人は六波羅蜜行を実践し続けた人でね。本堂の中に、鎌倉時代に、運慶《うんけい》が彫ったという空也上人の像がある。

たしか国宝だと思うが、〝南無阿弥陀仏《なむあみだぶつ》〟と、念仏を唱える空也の口の中から舌が三十センチも伸びて、舌の上に六人の仏さまがピョコン、ピョコンと立ち上がっている。それこそ波羅蜜多行の象徴なんだな」

「へええ。それは知りませんでした。こんど京都へ行ったら、ぜひ見てまいります」

「そこで、マカハンニャハラミタ心経という題名は、〈偉大な智慧で、彼岸に入ることを説く肝心かなめの教え〉ということがわかったろう。

さあ、小石くん。さきほどの絵心経の続きを読んでごらん。全部読めたら、和尚が腕輪数珠をプレゼントしてあげよう」

「よーし！」

観《かん》自《じ》在《ざい》菩《ぼ》薩《さつ》　行《ぎょう》深《じん》　般《はん》若《にゃ》波《は》羅《ら》蜜《み》多《た》　時《じ》　の巻

「いやー恐れ入りました。まったくお手上げです」

客間に入るなり、小石くんはバンザイをしてみせた。

「なんのことだい？」

「あの絵《え》心経《しんぎょう》のことですよ。ぼくは勢いこんで読もうとしましたけど、のっけから読めません。

せっかく和尚から、腕輪数珠をいただこうと思ったのに、われながら頭の悪さにがっかりしました。

和尚、ちょっと読んでみてください」

「そうか。腕輪数珠は残念だったね。だがそんなにしょげることはないよ。

「この絵心経は、昔の生活習慣を知らなければ、とうてい読めない。それじゃ、観自在菩薩《かんじざいぼさつ》だけ読んでみよう……」

……まず、は環《かん》で、把手《とって》のこと。つぎのは琴柱《ことじ》といって、琴の弦を支える柱だ。つぎのは采《さい》配だ。つぎのは坊《ぼ》（目の不自由な人）。それからは札《さつ》で、お寺や神社で出すお札のことだ……

「あっ、そうか。これじゃわかるわけないですね」

「あとで絵解き図をあげるから、それを見ながら読むといい」

「よかったな、小石よ。それより和尚、早く観自在菩薩の話に入りましょう。観自在菩薩というのは、観音さまのことでしょう？」

「そのとおり」

「ぼくは不思議に思うんですが、浅草の観音さまへ行きますと、観世音菩薩《かんぜおんぼさつ》と書いてあります。同じ観音さまなのに、観自在と観世音とは、どう違うんですか?」

「なかなか鋭い質問だぞ。よく観察してるね。観察ということばはね」

「和尚、ぼくは観音さまのことを訊いているんです!」

「まあ待ちなさい。観という字は、観《み》るとも読む……」

……観は、ただ見るのではなく、心の目で観る。つまり精神を集中して注意深く観ることで、察は、観たものの奥にあるものを詳しくしらべ、よく考えて察することだ。

浅草の観音さまは、読みくだすと、〝世の音を観る〟となる……

とたんに小石くんが、とんきょうな声をあげて笑う。

「ハハ、和尚。音は聞くもので観るものではありませんよ」

「そうかな? きみは、〝お風呂の湯加減を観てきてくれ〟といわれたら、どうして観るの?」

「手を入れて観ます」

「では、〝ちょっと味を観てくれ〟といわれたら、目で見てわかるかい？」

「もちろん、舌で味わいます」

「じゃあ、〝この子の熱を観てくれ〟といわれたら？」

「その子の頭に手を当てて、観ます」

「もう一つ訊くよ。〝あれは何の音か観てきてくれ〟といわれたら？」

「観に行ってきます。あっ！」

「それが観音だよ。いいかい……」

……お風呂の湯加減も、食べ物の味も、子供の熱も、外の物音も、みんな世の中の現象である。このすべての現象を、音という文字で表して、観音さまは、世の音をすべて観ておられる、というので観世音という……

「なぁーるほど。じゃあ観自在というのは、どういう観方ですか？」

「観音さまはね。世のあらゆる音を、何のこだわりもなく自由自在に観ておられるから、観自在さ。

なんの偏見もなく、自由自在に観るということは、たいへんなことだよ。われわれ凡人には、なかなかできることではない。

たとえば野球なら、小石くん。きみは、どこかのファンだろう?」

「はーい。もちろん巨人でーす」

小石くんの返事は、明るく元気一杯だ。

「小石くんの頭の中には、いつも〝巨人を勝たせたい!〟という潜入感があるから、公平に観るなどということは、とうていできない。もし、きみが審判になったら、即刻クビだな」

「和尚、クビじゃすみませんよ。他のチームから袋だたきにあいますよ」

すかさず大石くんが手きびしくいうと、

「あんなこといって。自分が阪神ファンなもんだから」

小さい声で、小石くんが口をとがらせて、つぶやく。

「二人とも、小さなことでも、こだわりを持っているから、お互いに巨人だ阪神だと対立する。対立しても野球なら、まだかわいい。暴力団が対立すると、血なまぐさい抗争に発展する。軍隊という暴力団が対立すると戦争になってしまう。それは物事を公平に観ることができないからだ。観自在菩薩という観音さまは、三百六十度、あらゆる方向に目を向けて、両親や姑《しゅうと》や恋人など他人と対立して、悩んだり苦しんだりしている人に救いの手をさしのべてくれるんだよ」

「ははあ、三百六十度を見て、手をさしのべるから、〈千手千眼観世音菩薩《せんじゅせんげんかんぜおんぼさつ》〉などという観音さまもいるんですね」

と、大石くんは、両手の指を大きく拡げてみせた。

「ほう、よく知ってるね」

「ええ。ぼくは仏像を見て歩くのが大好きなんです。

去年の夏休みに、子供を連れて奈良へ行ったとき、唐招提寺《とうしょうだいじ》で拝観しました。すばらしかったです」

「その仏さまは、一般には千手観音《せんじゅかんのん》といって、子《ね》年生まれの人の守り本尊だ。大石くん。千本の手の、一本一本の手の平に、目が一つずつついているのを観たかい？」

「えっ。残念！　そこまで気がつきませんでした。なるほど、だから千手千眼というんですね。

ところで、和尚の寺の本尊さまは、〈十一面観音《じゅういちめん》〉さんでしょ？」

「そう。観音さまの頭の上に、小さな観音さまのお顔が十体ついている。合わせて十一面観音さまだ。

小石くん。観音さまはねえ。〈三十三観音〉といって、三十三の姿になって、悩める人びとを救済するために現れてくるんだよ。

だから観音像は、各地に立っている。たとえば漁師町へ行くと、魚が一杯入った篭を持った観音さまの像がある」

「ええ、見たことがあります。あれは、何という観音さまですか」

「魚籃《ぎょらん》観音だよ。また田舎へ行くと、村はずれに馬頭《ばとう》観音といって、農家を守る観音像が立っている」

「そういえば、大船には大船観音があるし、千葉の木更津には、東京湾を見おろしている東京観音が立っています」

「それは、観音さまに地名をつけただけだ」

「あのー和尚。浅草の観音さまは大きいんですか」

ふいに、小石くんが妙なことを訊く。

「いや、和尚も拝んだことはないが、たしか一寸八分（五・四センチ）と聞いている。小さいけれど霊験はあらたかなんだよ」

「それと、ご開帳《かいちょう》って何ですか」

「観音さまが入っているお厨子《ずし》の扉を開いて、本尊さまを拝ませることだ」

「もう一つ、教えてください。頭から白いベールをかぶった観音さまっていますか」

「ああ。あれは白衣《びゃくえ》観音だよ」

「じゃあ和尚。観音さまは男ですか、女ですか？」

「小石くんよ。観音さまは人間じゃないから男でも女でもない。報身仏《ほうしんぶつ》といってな。苦しんでいる男には女になって現れ、悩んでいる女には男になって現れて、不安を除いてくれる仏さまだよ。

そんな三十三の観音さまの中でも、六観音が、よく知られている……」

……聖観世音菩薩《しょうかんぜおんぼさつ》・千手千眼観世音菩薩・十一面観世音菩薩・馬頭《ばとう》観世音菩薩・准胝《じゅんてい》観世音菩薩・如意輪《にょいりん》観世音菩薩である……

「和尚。さきほどから菩薩ぼさつとしきりにいってますが、菩薩って何でしょう。仏さまの位ですか」

大石くんがいい質問をする。

「うん。菩薩とは梵語《ぼんご》で、悟った人という意味だ。仏さまの世界にも階級があってね。悟りの深さによって四つに分かれる。一番上が如来《にょらい》という。その下が菩薩だ。その下が明王《みょうおう》だよ。不動明王がいい例だ。その下に天《てん》がいる。帝《たい》釈天《しゃくてん》とか梵天《ぼんてん》とか毘沙門天《びしゃもんてん》などがそうだ」

「へぇー。仏さまの世界も娑婆《しゃば》と似てますね。じゃあ観自在菩薩はナンバー2だ」

「うむ。お釈迦さまは釈迦如来だが、般若心経の観自在菩薩は修行中のお釈迦さまのことだよ……」

……お釈迦さまは五人の苦行僧と一緒に数年間、断食をしたり、いばらの上で寝てみたり難行苦行してみたが、悟りは開けないのに、餓死寸前になった。〝死んで悟っても遅い〟と考えたお釈迦さまは苦行僧と別れ、村娘のスジャータから乳粥《ちちがゆ》の接待を受けて、菩提樹《ぼだいじゅ》の下で悟りを求める瞑想に入った……

「それが〈行深般若波羅蜜多時《ぎょうじんはんにゃはらみたじ》〉なんだよ。これを読み下すと〝深ク般若波羅蜜多ヲ行ズル時〟となる。つまり瞑想行に入ったわけだ」

「あのー、波羅蜜多って六波羅蜜行《ろっぱらみつぎょう》のことですか」

「そうだ。前に京都の六波羅蜜寺のことを話したね」

といったとき、大石くんが顔いっぱいに笑みを浮かべた。

「えへへ、和尚。先日出張で京都へ行ったとき、空也上人《くうやしょうにん》に会ってきましたよ。高さは一メートルぐらいかな、よく彫られてました。国宝ではなく重要文化財でしたよ。たしかに空也上人の口から針金細工の仏さまが六体出ていました。

あっ！　そうだ。もしかして六観音というのも、六波羅蜜行の象徴かもしれませんね」

照見《しょうけん》　五蘊皆空《ごうんかいくう》　度《ど》　一切苦厄《いっさいくうやく》の巻

「和尚。考えてみると、般若波羅蜜多《はんにゃはらみた》ということばは、よほど重要なんですね」

大石くんが感にたえたようにいう。

「どうして」

「さきほど何の気なしに数えてみると、般若心経の中に、そのことばが五カ所もあるんですよ」

「大石さん。六カ所ですよ」

とたんに、小石くんの横やりが入った。

「えっ！」

驚いて、もう一度数えなおし、

「やっぱり五カ所じゃないか」

「題名も入れてですよ」

「こいつめ！」

と、げんこつをふり上げる大石くん。

「ところで和尚は、この前、〈行深般若波羅蜜多時《ぎょうじんじ》〉を〝深ク般若波羅蜜多ヲ行ズル時〟と読み下しましたね」

「ああ、読みましたよ」

「あんな風に読み下すと、意味がわかりやすいですね。ぼくも、今日の所をやってみました。

〝照ラシテ見ルト五蘊《ごうん》ハ皆、空度《くうど》デ一切苦厄《くうやく》ナリ〟どうです？」

「うむ。前半はマルだが、後半はバツだな。それで意味はわかったかい」

「いえ、さっぱりです。五蘊からしてわかりませんし、照らして見るってどういうことでしょう」

「まさか、懐中電灯でもないですよね」

またもや小石くんがまぜっ返すが、和尚に無視された。

「前半は、知恵の光で世の中を照らして見れば、五蘊は皆、空《くう》だ、ということだよ。五蘊というのは、人間の体のことさ」

「へえー、どうしてですか」

「体のことを五体というだろう。蘊は集めるという意味がある。

お釈迦さまは、菩提樹《ぼだいじゅ》の下に座って、われわれの体は、五つの物が集まってできている、と考えた」

「その五つの物って何ですか」

「この世にあるものは、われわれの体ばかりでなく、動物も植物も鉱物も、すべて〈物と心〉でできている」

「じゃあ、二つじゃないですか」

「まあ待ちなさい。お釈迦さまは、物のことを色《しき》といった」

「へえー、お釈迦さまは、女好きだったんですね」

小石くんがまじめな顔で訊く。

「どうして？」

「だって色といえば女でしょ。ピンクサロンとか、色々あるじゃないですか」

「小石。いいかげんにしろよ。おまえは、色というと、ピンク・女と連想するだろうが、アメリカでは、ピンクは健康を表す色なんだぞ。

和尚。たしかに物質には、みんな色がついていますが、心のほうはどうなんです」

と、大石くんが先をうながす。

「うん。お釈迦さまは、心の働きを、受《じゅ》・想《そう》・行《ぎょう》・識《しき》の四つに分けて考えた

……」

……受は、心が現象を受けつける。想はそれを考える。行はそれを行動する。識はそれを判断する……

「そこで物と心は、〈色・受・想・行・識〉の五蘊というわけだ。ところで大石くん。当時(いまから二千五百年前)のインドでは、人間は〈地・水・火・風・空〉の五つの要素から成り立っている、と考えられていた」

……地は土で固体だから、骨・爪・髪・筋肉・皮ふなどである。
水は液体だから、人間の体は血液や分泌物など、ほとんどが水分である。
火は熱だから、体温である。
風は空気の動きだから、呼吸である。
空は心である……

「こんどは、色を四つに分け、心を一つにして空、といっている。これも五蘊だな」

そのとき、手をこまねいて聞いていた小石くんが右手をあげた。

「ちょっと和尚。へんなこと訊くようですけど、地水火風空は、お葬式の仕方を表していませんか」

「おいおい小石よ。ほんとに変なことをいうねえ！」

大石くんが、たしなめても一向に平気である。

「地は土葬です。昔は、みんな土葬をしたでしょ。いまでも土葬をするところがあるそうですよ。

それから水は水葬です。長い航海の中で、舟乗りが死ねば、海中に葬ります。火は火葬です。これは日本では、一般に行われています」

「うーむ、なるほど。では風は？」

大石くんが尋ねると、ちょっと考えた小石くん、

「チベットのお葬式では、亡くなったおばあちゃんを村人が担いで山の頂上にある大きな岩の上に置き、頭がい骨を石でつぶして、食べやすくしておくんです。

するとか何十羽というハゲタカが飛んできて、またたく間に喰いつくします。鳥葬といってましたが、そのあとは、風が吹き散らして、翌日は、石の上に何

も残っていませんでした。あれは、やっぱり風葬ですよね」

「むごいことをするもんだ。じゃあ、空葬は？」

「えーっと、空葬か！　これは困った。いま流行の散骨は空葬かなあ……」

「ロケットに遺骨を乗っけて、宇宙空間に散らせるという話は日本でも始まっていますね」

「あっ、和尚。それはまさしく空葬です。ありがとうございます」

ペコリと頭を下げる小石くん。

「なあーるほど！　小石も、たまにはいいことをいいますね、和尚」

「たまにはなんて、かわいそうだよ。しかし縁あって、五蘊から作られた人間も、寿命が尽きれば、小石くんのいう葬式のあと、雲や霧が消えてしまうように空になる。これが前半の〝五蘊ハ皆空ナリ〟の解釈だな。ところで大石くんは、星も人間のように五蘊だってことを知ってるかい」

「何ですって？」

「うん。最新の科学では、星も人間も同じ成分でできているんだってさ……」

……星の成分の大部分は水素である。ほとんどの星は、その水素をヘリウムに変える核融合で光を放っている。そして、さらに核融合がすすむと、ヘリウムから酸素・炭素・窒素・鉄が作られる。

われわれ人間も、ほとんどが水である。水は水素と酸素であり、人間の生命の元となるアミノ酸やタンパク質の主成分は炭素である。窒素も大切な要素であり、鉄は血液の中になくてはならないものである……

「すごいことですね。星も人間も、つき

つめてみると、水素と酸素と炭素と窒素と鉄の五蘊からできているってことを、全く知りませんでした。

いや、これは星や人間だけでなく、うちの猫も、お寺のキンモクセイも、東京ドームも、地球上のあらゆるものが同じ五蘊なんですね」

「すると、人間が死ぬことは、星でいえば、ビッグバンなんでしょうか」

「おっ。小石よ。今日は冴えてるじゃないか。そのビッグバンで、何もかも宇宙のチリになることを思えば、銀行のビッグバンなんか、どうってことないんですね」

大石くんの話が、とたんに現実味をおびてきた。

「その、どうってことない気持ちが、大石くんが読み下した、〝五蘊ハ皆、空ナリ〟に続く後半の〝一切ノ苦厄ヲ度ス〟ということばにつながるんだよ」

「さあ、わからない」

大石くんは、大げさに頭を抱えた。

「その〝度ス〟というのは何ですか」

「度は、渡るということさ。つまり苦しみや厄《わざわ》いの世界から、安穏な悟りの世界に渡るということだよ」

「なぁーんだ。サンズイがないので、うんと悩みましたよ」

「和尚」

と、不安気な面持ちで小石くんが声をかける。

「星も人間もビッグバンで、みんなチリになってしまったら、もう宇宙には何も残らないはずなのに、星も人間も、つぎつぎに生まれているのはどういうことでしょう」

「それはいい質問だよ。和尚は、こう考えるね……」

……宇宙のチリは生命の元である。それが、あたかも地球の地震のように、ゆらり！　と一揺れすると、その縁によって、再び、五蘊が生じてくる……。

「へえー」

小石くんは、わかったようなわからないような顔つきである。

「じゃあ和尚。縁ということばは、どこから来たんでしょう」

「それは仏教のことばだよ。小石くんは、お寺の本堂には、広い濡れ縁があるのを知ってるかい」

「ええ、子どものころ、遊んでいて落っこちました」

「そのころから、そそっかしかったんだねえ。通りかかった人が、ゆらり！として、その縁につかまる。

手が縁にかかり、足が縁にかかり、ついに本堂に入る。これを仏縁《ぶつえん》という。きみだって、和尚の本を読んで、ゆらり！と、一揺れして、この寺の縁に足がかかったんだろう」

「そのとおりです。縁にかかるのは不思議なものですねぇ」

しきりに感心しているると、こんどは大石くんだ。

「さきほどから考えているんですが、人間は死ねば、すべてが空になることは、昔から、だれもが知っています。

それなのに一向に、苦も厄も度せないのはどういうわけでしょう」

和尚が座りなおしたので、大石くんはびっくりして、返事とともに座りなおした。

「大石くん」

「はい。えーと、人が苦しむのは、やはり因縁でしょうか」

「きみは人間の苦や厄の原因は何だと思う」

「どういう因縁かね」

「うーん」

寺の高い天井を見上げている大石くんをはばかるように、

「あのー、もしかして、それは人間の欲じゃないでしょうか」

と、小石くんがつぶやく。

「どうして、それがわかる？」

はっとした大石くんが、とがめるような口調になった。

「実は、四、五年前、ぼくは柄にもなく、３ＬＤＫの家が欲しくて、無理を承知で買いました。それ以来、ずっとローンで苦しんでいます」

「小石くんのいうとおり、苦しみの原因は人間の欲だ。だが、楽しみの原因も欲だよ。巨人を勝たせたい小石くんの欲や、阪神を勝たせたい大石くんの欲は、野球を楽しませるし、ゴルフで優勝したいという欲は、ゴルフを楽しませる。まだまだあるぞ。おいしいものを食べたいという欲は、グルメを楽しみ、セックスをしたいという欲は、恋愛を楽しむ。

お金をもうけたいという欲は、商売を楽しむが、その欲が過ぎると、こんどは苦しみに変わるんだよ。小石くんは、もっと小さな家にしておけば、そんなに苦しむことはなかったのにね」

「いゃー、おっしゃるとおりです。ぼくは食いしん坊だから、家を買うのは、もっと先にして、グルメを楽しめばよかったかなあ」

と、しきりに嘆く。すかさず大石くんが、

「小石よ。そんなら、おまえは苦厄じゃなくて、食う厄だ！

ほんと、人生って般若心経じゃないけれど、一切苦厄ですね。小石くんは食いしん坊だから一切食う厄かもしれないが、ぼくなんか、毎日、四苦八苦してますよ」

大石くんが、ため息まじりにいう。

「その四苦八苦って、どんなことだろう」

と、和尚が質問するのを小石くんが引きとる。

「それ、また和尚の意地悪がはじまったよ。大石さん、答えてあげなさいよ」

大石くんは、だまって首を左右にふった。

「あれ！　知らないの？」

「そういうおまえは？」

「もちろん知りませんよ」

胸を張っていう小石くんを見て、大石くんは噴き出した。

「これだから勝てないよ。和尚、何かふかい意味がありそうですね」

「そのとおり。五蘊が体と心に分かれているように、四苦八苦も体の苦しみと、心の苦しみに分かれている……」

……人間はだれでも、体に四つの苦しみと、心に四つの苦しみをかかえている。体の、

一つめの苦しみは「**生**《しょう》」といって、生まれる苦しみだ。母親の狭い産道を通って出てくる赤ちゃんも苦しいが、出産するお母さんの苦しみはたいへんなものである。

二つめの苦しみは「**老**《ろう》」といって、年をとる苦しみだ。人は知らないうちに、いつのまにか老いてしまって、ある日、鏡を見て大ショックを受ける。まさにオイルショック！　だね。

「ハハ、和尚。うまいことをいうね。座布団二枚ですね」

またしても小石くんがまぜっかえす。

三つめの苦しみは「**病**《びょう》」といって、文字どおり病気になる苦しみだ。だれ

だって病気になりたくない。だが、これはかりは時も場所もわきまえないで、遠慮なくやってくる。だから苦しむのである。

四つめの苦しみは「**死**」といって、これこそ死の苦しみだ。ほんとうは死そのものでなく、人は死の不安におびえ苦しむのである……とわかっていても、やっぱり苦しむのが人情というもの。

これが「**生・老・病・死**」という、体の四苦だ。

つぎに心の一つめの苦しみは、「**愛別離苦**《あいべつりく》」といって、〈愛している者と別離する苦しみ〉だ。

どんなに愛している妻や夫や子や孫とも、いつかは死に別れたり、離ればなれになる苦しみをいう。

二つめの苦しみは、「**怨憎会苦**《おんぞうえく》」といって、〈怨み憎んでいる者と会うことになる苦しみ〉だ。

〝あんな憎いやつとは、死んでも二度と会いたくない〟と思っていても、逃げもかくれもできない処（エレベーターの中など）でバッタリ会う苦しさ！

「小石くん」

「はい」

「きみは死んだら、あの世では、きみを好いてくれた人ばかりが待っていてくれる、と思っているんだろう?」

「もちろんです」

「そうはいかないよ。きみが死んだら、あの世の入口では、きみが大嫌いだった人たちが、真っ先に〝小石さん、お待ちしてました〟と出迎えてくれるよ」

「えっ! とんでもない。嫌ですよ!」

「それは仕方がない。きみが生前にしてきたことだから、あきらめるんだな」

さて、三つめの苦しみは「**求不得苦**《ぐふとくく》」といって、〈求めても得られない苦しみ〉だ。

かつて中国全土を支配した秦の始皇帝は、不老長寿の薬を地球の果てまでも、探しにやった。けれども、やっぱり手に入れることができなかったように、人間だれしも、求めたものが得られないために、現実に苦しんでいる。

最後に四つめの苦しみは、「五蘊盛苦《ごうんじょうく》」といって、〈心身に生気があるために、性のはけ口に苦しんだり、働き口がなくて苦しんだりすること〉だ。

「どうだい大石くん」

「ええ、思い当たります。これが心の四苦だから、体の四苦と合わせて、四苦八苦というわけですね」

しばらく考え込んでいた大石くんが、腕組みをしながら口を開く。

「こうして人生を四苦八苦するのも、考え方しだいで、楽になることもあるんですよね」

「そう。昔からよくいうじゃないか。〝人生、すべて塞翁《さいおう》が馬〟と」

「なんですか和尚、それは？　サイオーって、どこの競走馬ですか？」

と、また小石くんが口をはさむ。

「それは古い中国の話でな……」

……胡《えびす》を守る国境の塞《とりで》の村に老人と息子が住んでいた。ある日、老人が飼っていたやせ馬が逃げ出して、胡の地へ行ってしまった。

村人が老人を慰めると、老人は、

「なーに。また、いいこともあるよ」

と、平然としている。

それから数カ月たって、あのやせ馬が胡の地から、みごとな栗毛の駿馬をつれて帰ってきた。そこで村人が、

「爺さん、よかったな」

と、祝ってあげても、

「そのうち困ったことになる」

と、ちっとも嬉しそうな顔をしない。はたして幾日もたたないうちに、息子が駿馬から落馬して足の骨を折ってしまった。村人が、

「ほんとうに気の毒なことになったね」

と、同情しても、

「いやいや、何が幸いするかもしれんよ」

と、すこしもがっかりしない。それからまもなく、胡の大軍が攻め込んでくる、というので、村の青年たちは一人残らずかり出されて戦死してしまった。けれども足が不自由な息子だけは、戦争に参加できず、そのために生き残ったのである……

「なるほど、いい話ですねえ。えらいもんだサイオーは」

「おまえは何を考えてるんだ。サイオーは、馬の名前じゃないんだぞ。和尚。いってやってくださいよ」

「ハハ、塞《さい》はとりでのことで、翁《おう》はおきな。つまり、要塞がある村に住んでいた老人のことさ」

「それにしても和尚。この老人のように何事が起こっても、淡々としていられるのはうらやましいですね。ぼくなんか、仕事で大きなミスをしたときなど、もう死にたいぐらい落ち込みますよ」

と、大石くんは首を左右に振りながら組んでいた腕をほどいた。

「こんなことばがある。〝禍いは三年たてば福になる〟ってね。一切苦厄《いっさいくやく》という禍いが、大石くんの身に降りかかっても、その経験は三年も経てば、きっと役に立って幸せのほうに進み出す。死ぬほど辛い災難にあっても、そう考えると気が軽くなる」

「そんなふうに思えるのは、よほどの知恵者ですよ。ぼくなんか、とてもとても……」

「そんなことはない。きみだって、りっぱな舎利子《しゃりし》のようになれるんだぞ」

「えっ。いま何ておっしゃいました？」

「シャーリーシっていったよ。大石くん。一切苦厄のつぎは舎利子だよ」

「あっ、そうか！」

舎利子《しゃりし》の巻

「和尚。それは人の名前ですか？」

「そうだよ」

「それは女の子ですか」

「どうして？」

「だって、子がついているじゃないですか」

「小石くん。子がつくのが女なら、弟子はすべて女ばかりかい？」

「あ、そうだ」

「ハハ、和尚にやられたねえ。それは、もしかしてお釈迦さまの弟子の名前じゃないでしょうか？」

大石くんは、小気味よさそうにいう。

「そう。お釈迦さまの弟子の中で、一番の知恵者といわれた、舎利弗《しゃりほつ》という人だよ」

「じゃあ、どうして舎利弗っていわないんでしょう？」

「大石くんまでが、そんな質問をしちゃいけないよ。この般若心経はね、お釈迦さまが、ずっと昔、観自在菩薩《かんじざいぼさつ》という名前で修行をして、ついに悟りを開くことができた。その内容を弟子たちに話してやっているところだ。そして大切な処にくると……、〝大石くん！……〟」

「はいっ！　ああ、びっくりした」

「……というように、主だった弟子の一人に呼びかける。そこで、〝わたしの弟子、舎利弗よ！〟というのを略して、舎利子《しゃりし》よ、となった」

「なるほど、よくわかりました。お釈迦さまには、そんなに多くの弟子がいたんですか」

「なにしろ二千五百年も前のことだから、はっきりとはいえないが、なんでも四千人以上いたらしいね。その中でも現在、正確に伝えられているのが、十大弟子といわれる人たちの名だ。それは……」

「……一人めは「摩訶迦葉《まかかしょう》」。この人は乞食《こつじき》をするのが抜群にうまい。

「ちょっと和尚。乞食って、物もらいのことでしょ。物もらいが、そんなに立派なことなんですか？」

「立派だとも。物もらいはね、相手に物やお金を施すことを教えてあげることなのさ」

「え？」

「昔の乞食は道端に座って、道ゆく人びとに向かい、〝右や左のダンナさま、あわれな乞食に、どうかお恵みを！〟といったものだ。乞食がいう、ダンナという言葉は、梵語《ぼんご》の施すという意味だよ」

さきほどから何かいいたげにしていた小石くんが、たまりかねたように口を開いた。

「わかりました和尚。昔から、主人のことをダンナサマというのは、給料を施してくれる人のことですね」

「そうだよ。人は本来、ケチなものだ。そこでお釈迦さまは、悟りを開くには、まず施すということを教える。現実にタイの国では……」

……朝早く、お坊さんが五、六人、列をつくって町へ托鉢《たくはつ》（鉢を持って乞食《こつじき》行《ぎょう》をすること）に出る。

お店や家の前では、女も子どもも、炊きたてのごはんやお菓子やお金や花を、それぞれに捧げ持って待っている。

お坊さんが来ると、鉢にそれらを入れてから、地面にひざまずいて合掌する。

お坊さんは、ひと言も口をきかず、頭も下げずに平然として通り過ぎてゆく。

これが毎朝行われているタイの風俗である……

「物をもらっておいて、そんな失礼な」

「違うんだよ、タイでは、托鉢するお坊さんは人間ではなく、仏さまなんだ。仏さまが、ありがとうといって、頭を下げるかい？」

「うーん。そういえば、そうかなぁ」

「お釈迦さまはね。弟子たちのそれぞれの性格や能力に応じて、人間としての生き方を教えていたんだね。

和尚が尊敬する弘法大師が、こんなことをいっている。

〈優れた大工が家を建てるとき、材木を使うにあたって、その木を曲げないで大きな家を作る。聖君が人を使うときには、一人一人の個性を生かして、適所にこれを配置する〉

和尚が中学生のころ、寺の裏山へ、みんなで松茸狩りに行った。

二、三時間も山を歩き回って、和尚たちは一本も取れないのに、番人のおじさんは、背負った篭に一杯獲っていたっけ。

だれでも得手を持っている。お釈迦さまは〝みんな得手に帆を上げよ〟と、いっているんだよ。

さて、小石くん。きみの得手は、和尚のあげ足取りかな？」

いわれた小石くんは、まるで聞こえないようにすました顔で、

「和尚。つづいて二人めの弟子はだれですか？」

和尚もこれまた、すました顔で、

「ところで、波羅蜜多《はらみた》ってどんな意味だったかな？」

「はい。ええーっと、たしか悟りを開くことだったと思います」

「おお、よく覚えてるね。さすが小石くんだ」

「和尚。あまり褒めないでくださいよ。こいつ、すぐのぼせ上がるんだから」

さっそく大石くんがけん制する。

「お釈迦さまの十大弟子は、それぞれ自分の得手を生かして悟りを開いた。その一人めの弟子・摩訶迦葉《まかかしょう》は、乞食行《こつじきぎょう》をして悟りを開いたので、和尚はこれを〈檀那《だんな》（布施《ふせ》）波羅蜜《はらみつ》〉にたとえる」

「なるほど。わかりましたダンナサマ！」

「しっ！」

大石くんは、あわてて小石をにらんだ。和尚は、そしらぬ顔でつづける。

「さて二人めの弟子は……」

……「**優婆離**《うばり》」という。この人は、だれよりも自制心が強く、戒律を守る行をして悟りを開いたので、これを〈持戒波羅蜜《じかいはらみつ》〉にたとえる。

「坊さんの戒律って、たくさんあるんですか」

「あるとも。古くから坊さんは二百五十戒、尼さんは三百五十戒というね。だがね。少なくとも、これだけは坊さんも尼さんも守りなさい、という戒律が**十戒（十善戒）**ある……」

一つは、生きものを殺さないこと。

二つは、人のものを盗まないこと。

三つは、不倫や浮気をしないこと。

「あ、それくらいなら、ぼくらにでも守れそうですね」

「そうかい。では続けよう……」

四つは、うそをつかないこと。
五つは、おべっかをいわないこと。
六つは、人の悪口をいわないこと。
七つは、二枚舌をつかわないこと。

「ええーっ！」
「まだ続くよ……」

八つは、けちけちしないこと、欲張らないこと。
九つは、腹を立てないこと、やきもちをやかないこと。
十は、道理にはずれたことを考えないこと。

「大石くん。これくらい大丈夫かい？」

「だめです。こりゃ、とてもとても歯が立ちません。とくに四つめから先は全然です。やっぱり優婆離《うばり》さんにゆずります」

「三人めの弟子は……」

……「**羅睺羅**《らごら》」という。この人は、お釈迦さまが出家する以前、カピラ城の王子だった頃の子どもである。

父を慕ってきて弟子となり、だれよりも厳しい修行に励んで、悟りを開いたので、これを〈忍辱波羅蜜《にんにくはらみつ》〉にたとえる。

「四人めの弟子は……」

……「**阿難陀**《あなんだ》」という。この人は、いつもお釈迦さまのそばに仕えて、お説法をだれよりも多く聞いて悟りを開いたので、これを〈精進波羅蜜《しょうじんはらみつ》〉にたとえる。

「あのー、お説法を聞いただけで悟れるもんでしょうか？」

「もちろんだよ。それを〈多聞《たもん》〉といってな。大石くんは、毘沙門天《びしゃもんてん》を知ってるかい?」

「はい。毘沙門天は軍神で、たしか上杉謙信の守り神です」

「その毘沙門さんは、お釈迦さまの説法をたくさん聞いたので、あだ名を多聞天という」

「あーなんだ、そうだったんですか」

「大石くんに座ぶとん二枚だな。さて、五人めの弟子は……」

……「須菩提《しゅぼだい》」という。この人は、だれよりも座禅に励んで悟りを開いたので、これを〈禅定波羅蜜《ぜんじょうはらみっ》〉にたとえる。

「和尚。お釈迦さまが菩提樹の下で座禅を組み、瞑想して悟ったのが、この禅定ですよね」

「そのとおり。どうして禅定かといえば、座禅をしていると、だんだん心が落ち着いて安定してくる。心が定まれば、頭が冴えてくる。冴えた頭からは知恵が生まれる、というわけだ。

さあ、続けよう。六人めの弟子は……」

……「**舎利弗**《しゃりほつ》」という。舎利子のことだ。

「ああ、難しかった。やっと聞きなれた舎利子さんの番がきました」

……この人は、だれよりも道理を求める修行をして悟りを開いたので、これを知恵一番の〈知恵波羅蜜《ちえはらみつ》〉にたとえる。

「どうりで、般若という名がついているから、般若心経の中で、名前を呼ばれたんですね」

「いいぞ。小石くんにも座ぶとん一枚だな。さて、七人めの弟子は……」

……「**富楼那**《ふるな》」という。この人は、だれよりも、お説法の修行をして悟りを開いたので、これを〈方便波羅蜜《ほうべんはらみつ》〉にたとえる。

「八人めの弟子は……」

……「**阿那律**《あなりつ》」という。この人は、だれよりも、見通す千里眼を持つ修行をして悟りを開いたので、これを〈誓願波羅蜜《せいがんはらみつ》〉にたとえる。

「九人めの弟子は……」

……「**迦旃延**《かせんねん》」という。この人は、だれよりも、すばらしい議論をする修行をして悟りを開いたので、これを〈力用波羅蜜《りきようはらみつ》〉にたとえる。

「最後の十人めの弟子は……

……「目犍連《もっけんれん》」という。この人は、だれよりも、過去の世界から未来の世界までわかる神通力を得る修行をして悟りを開いたので、これを〈智慧波羅蜜《ちえはらみつ》〉にたとえる。


「こうして悟りを開き、仏さまの位を得た十人の弟子を〈十波羅蜜《じっぱらみつ》〉という」

「うーん。この十大弟子の中で、ぼくが知っているのは、舎利子と目犍連だけだ」

と、大石くんが情けない声でいう。

「でも大石さんは、すごいですよ。ぼくは一人も知らなかった。ところで目犍連って、何ですか？」

「ええーっと、和尚。あれは、たしか、お盆のときに出てきますよね」

「お化けかい？」

「ちがいますよ。あの世にいるお母さんを、目犍連が神通力で見てみたら、地獄で逆《さか》さ吊りになっていたので、驚いて、お釈迦さまに相談した話ですよ」

「ああ。目犍連は目連《もくれん》ともいってな。目連が、お母さんを供養したのが、お盆の始まりだ」

「それにしても、十大弟子って、みんな難しい漢字を書くんですね」

「それは梵字《ぼんじ》を漢字に当てはめたからだよ。般若心経はすべて梵字だが、発音は同じでも、梵字の意味が漢字の意味と同じになるように、うまく作ってある。たとえば波羅蜜多は、梵語で〝パラミッタ〟という。

そうだ！　こんな話をしていたら思い出した。小石くん。和尚は昔、修行していたころ、この十波羅蜜の名前を覚えるのに、指に書いて覚えたもんだ」

「えっ、指に？」

「そう。二人とも、ちょっと両手を広げてごらん」

「こうですか？」

「おや、小石くんは体のわりに手が大きいね。それは器用な証拠だよ。お釈迦さまが生まれたインドでは、昔から、右手は清浄な手、左手は不浄な手と決まっている……

……インドでは食事をするとき、一般には、お箸やナイフやフォークを使わないで、右手だけで器用に食べる。小石くんなんか、上手に食べると思うよ。

ところが左手は、どうするかといえば、お便所では、紙を使う習慣がないから、左手だけでお尻の始末をする」

「うわぁー汚い！」

「と思うだろうが、駅のトイレにも、ちゃんと水の入った容器がおいてある。その水で手をぬらしてから始末すれば、案外うまくいくものだ。

さて、その思想がお釈迦さまといっしょに日本に入ってきてからは……

……まさかお尻はふかないが、やはり左手は凡人の悪い心を表し、右手は仏の心を表す。五本の指は、小指・薬指・中指・人差し指・親指と、特長のある名前がついて、いろいろな働きをする。親指を立てればボスを意味し、小指を立てれば愛人を意味し、人差し指を曲げれば泥棒を意味する。ねえ、小石くん」

「和尚。ぼくじゃありませんよ！」

小石くんは急いで否定する。

「こうした煩悩にまみれている凡人の五本の指でも、自分の癖や特長を生かして努力すれば、右手の仏さまのように悟りが開けるのだ。

……それを象徴しているのが、合掌の形である。

煩悩の象徴である左手と、仏心の象徴である右手を合わせて、祈ることによって、左手の指と右手の指が、電波のように以心伝心して、全部が仏さまに変化する。さあ、いつまでも手を広げていないで、十波羅蜜を両手の指にあてはめてみよう。あ、ちょっとお待ち」

和尚は立ち上がって、棚の上のマジックを取った。

「これで指の頭に書き入れよう。小石くん、指を出して……」

……まず左手の小指には、檀那の檀。つぎに薬指には持戒の戒。中指には忍辱の忍。人差し指には精進の進。親指には禅定の禅。

つぎに右手の小指には、知恵の恵。薬指には方便の方。中指には誓願の願。

人差し指には力用の力。最後に親指には智慧の智」


「さて、小石くん。指を見ながら質問するよ」

「えっ」

「まず左手の小指の檀は、どんな意味だったかな？」

「えーと、えーと、たしか施しだった。施しは布施だから、布施波羅蜜です」

「いいぞ。その調子だ。では薬指は？」

「えー、戒は十コあったから、十戒波羅蜜です」

「それは、持戒波羅蜜だ。十コの戒のことを十善戒《じゅうぜんかい》というんだよ。つぎは中指の忍は？」

「これはわかりません。大石さん、助けて」

「ぼくも自信がないが、忍は忍辱で、たぶん我慢することだと思うよ。ちがいますか、和尚」

「間違いではないが、とくにこの言葉は、人前で恥をかかされても、じっと辛

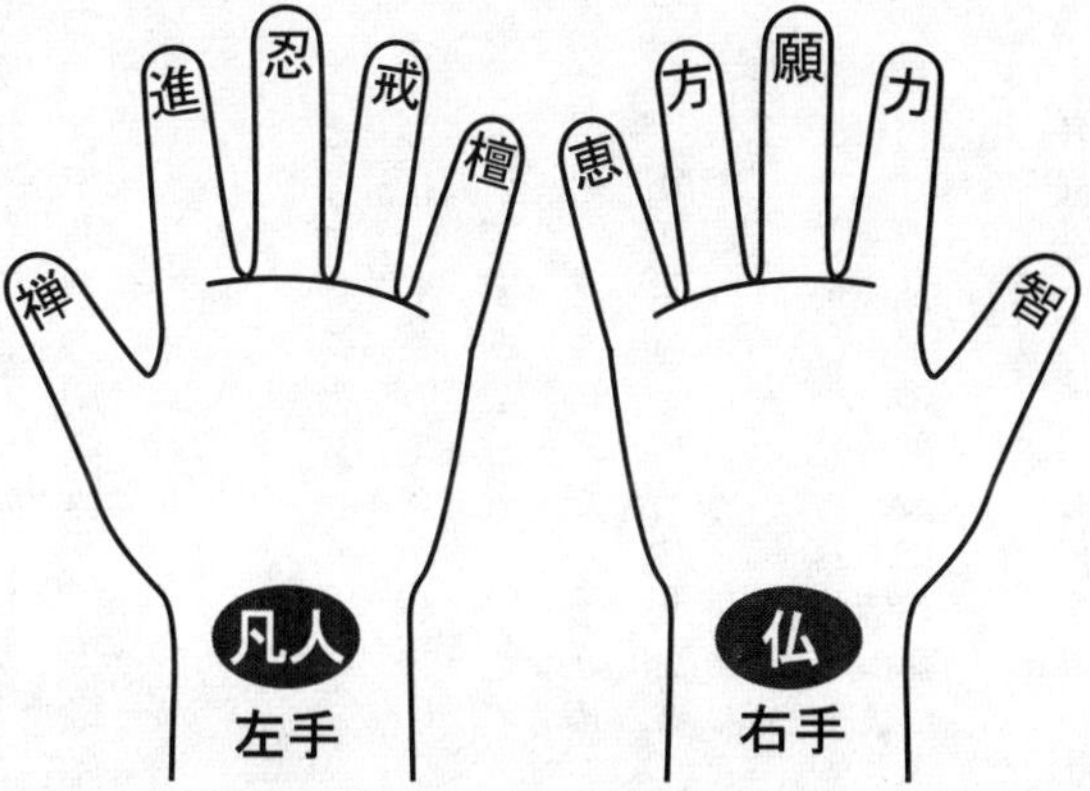

抱することをいう。では人差し指は？」

「はい。進は精進だから、精進波羅蜜。まさか精進料理を作りませんよね」

「バカ！　それは努力することだよ。和尚、つぎの親指の禅は禅定波羅蜜で、座って瞑想することです」

ついに見かねた大石くんが、助け舟を出してきた。

「それでは右手に移ろう。こんどは和尚がいうよ……」

……まず小指の恵は、般若の知恵だから般若波羅蜜。つぎの薬指の方は、便利な方法を教える方便波羅蜜。つぎの中指の願は、仏があらゆる人を救うという誓願波羅蜜。つぎの人差し指の力は、仏の働きである力用波羅蜜。最後の親指の智は、宇宙の道理そのものの智慧波羅蜜だ。

ここで、さっと大石くんの手が上がった。

「和尚、一つ質問です。右手の小指は知恵の恵なのに、どうして親指は、また智慧の智ですか」

「きっと、そういうだろうと思ってたよ、小指の知は人間の知恵だが、親指の智は宇宙の道理という大日如来の智慧だ。だから、知の下に日がついている」

「あ、なるほど」

「そこで手を合わせてみる。その合掌する姿は、いつ、だれがしても美しい。とりわけ、食事の前後に合掌している人を見かけると、家庭のしつけがよくわかるね」

と和尚がいうと、二人は顔を見合わせて、下を向いてしまった。

色《しき》不《ふ》異《い》空《くう》　空《くう》不《ふ》異《い》色《しき》　色《しき》即《そく》是《ぜ》空《くう》　空《くう》即《そく》是《ぜ》色《しき》 の巻

「ようやく、ぼくの知っていることばが出てきましたよ」

「なんのことだ、小石くん」

「色即是空《しきそくぜくう》ですよ。ぼくは般若心経といえば、すぐ色即是空ということばが頭に浮かぶんです」

「それは、どういう意味かな？」

「うーん。よくわかりませんが、〝仕方がないな〟、〝まあ、いいか〟というようなことじゃないかと思ってるんです」

「ちょっとちがうけど、まあ、いいか」

「和尚。下手なしゃれはやめて、ちゃんと教えてやってくださいよ」

大石くんの声が飛ぶと、和尚は、すなおにうなずく。

「小石くん。色即是空だけじゃ、柿の種だよ」

「何ですか、柿の種って？」

「種だけでは柿とわからない。実も皮もヘタもくっついて、はじめて柿とわかる。色即是空だけでは種だけだ。

今日は、色《しき》不《ふ》異《い》空《くう》から空《くう》即《そく》是《ぜ》色《しき》まで、実も皮もヘタも話をすることにしよう。

さて、大石くん。小石くんにもわかりやすいように、色不異空から読み下してごらん」

「和尚にはかなわないよ、すぐ仕返しがあるんだから。では読みます。

〝色《しき》は空《くう》に異なら不《ず》、空は色に異なら不。色は即ち是《こ》れ空なり、空は即ち是れ色なり〟。これでどうでしょう」

「よくできた。ついでにその意味も」

「それは和尚の番ですよ！」

「ほいきた。大石くん」

「はい」

「と、いうように、大切な話をするときは、たいてい相手の名を呼ぶ。お釈迦さまは、自分が悟った大事なことを話す前に、まず、〝わが弟子、舎《しゃ》利《り》弗《ほつ》よ！〟と呼んだね」

「それが前回の舎利子《しゃりし》でした」

「お釈迦さまは、じつに方便《ほうべん》がうまい。十本の指を十人の弟子にたとえて、十の戒律を守って、十の波羅蜜行《はらみつぎょう》をすれば、悟りの世界に入れるといったが、われわれ凡人には、なかなかできることではない。そこでお釈迦さまは、弟子総代の舎利子にこういうのだ……」

……色は空と何ら違うことはない。空もまた色とは何ら違うことはない。したがって、色とは、つまり空のことである。

これが色即是空。また、空とは、つまり色のことである……

「わかるかい、小石くん」

「いえ、わかりません」

「正直でいいね。大石くん。色《しき》ってなんだっけ?」

「はい。目に見えるものは、すべて色がついている。つまり、あらゆる物質のこと。とくに、ここでは肉体です」

「そのとおり。肉体は、どんなに長持ちしても、百年そこそこで、この世から消え去って、空《くう》になる。だから肉体は空と同じことだというんだが、やっぱり小石くんという肉体は空だと思うかい?」

「和尚。ぼくの頭が空《から》っぽなのは認めますが、今、ぼくの体全部が空のようには思えません」

「ハハ、そうだろうねえ。いったい、お釈迦さまは、何がいいたいんだろう。

小石くんは、このまえ〝五蘊皆空《ごうんかいくう》〟の処の、人間の体の成分と星の成分は、水素・酸素・炭素・窒素・鉄という同じ五つの元素から成り立っている、という話を覚えているかい？」

「ええ。ぼくが、地水火風空という五つのお葬式の仕方をいって、笑われたときでしょ」

「笑いはしなかったよ。小石くんの発想に感心しただけさ。ところで小石くん、水の元素記号を知ってるかい？」

「ええ、もちろんH_2Oです」

「そう。水素2と酸素1の割合でできている、その水について考えてみよう……」

……地球表面の七〇パーセントは、水で覆われている。その水は液体だから目に見える。

目に見える物質は色だ。水は太陽に照らされ、気体となって蒸発する。それは目に見えない物質だから空だ。

水から蒸発して、天高く上がっていった水蒸気は、やがて雲になる。雲が集まって、気温や気圧という条件がととのったとき、水蒸気は雨となって地上に降りそそぐ。

雨は目に見える物質だから色だ。地上の雨は集まって谷川となり、谷川は集まって大河となり、やがては海に帰ってゆく……

「うーむ。そうすると、水は色であるが空でもある。だから色は空に異ならずか。

それなら人間の肉体だって、死ぬと火葬されて灰になる。つまり空になるけれども、ふたたび空から生まれてくるんでしょうか」

「そうとも。空は水や肉体ばかりでなく、すべて形あるものの根源だ。いや、すべての生命の源だな。いうなれば空は生命の蔵だよ。

おお、そうだ！　大石くん。きみは虚空蔵菩薩《こくうぞうぼさつ》って知ってるかい？」

「えっ。虚空蔵菩薩？」

大石くんが目を白黒させていると、

「和尚、ぼく知っています。虚空蔵さんは、ぼくの守り本尊です。子どもは十三歳になったら、必ずお詣りに行くんですって」

と、小石くんは鼻の穴をふくらませた。

「そりゃよかった。虚空とは大空《おおぞら》のこと。大空はすべてのいのちを生み出す蔵というので、仏さまの名前にもなっている。小石くんは、物覚えがいいかい？」

「和尚は意地悪ですねぇ。ぼくが頭が悪いことを知ってるくせに！」

「いや、そんなことはない。弘法大師空海はね……」

……十九歳のとき、大学を中退して、吉野の山に入り修行をしていた。

あるとき出会った一人の行者から、〈虚空蔵求聞持法《こくうぞうぐもんじほう》〉という秘法を授かった。

〝若者よ。この真言を一日に一万回唱えるがよい。百日間休まずに続ければ、そなたが読む経本は、すべて理解できるであろう！〟

といって、行者は消えた。これこそ仏の声と思った空海は、四国へ渡り、土佐の海岸で、この行を実行した。百日目の夜明け前、明けの明星が、真言を唱える空海の口の中に、大きな光の束となって飛び込んだ。

そして目覚めたという……

そのとたん、小石くんが目を輝かせた。

「あっ。ぼく、その真言を知っています。小さいころから、おばあちゃんと唱えてきました。

〝**のうぼう　あきゃしゃからばや　おんありきゃ　まりぼりそわか**〟っていうんです」

「へええ。舌をかみそうな真言だな。それなら、おまえが求聞持法とやらをやればいいのに」

「いや、いいですよ。そんなことやれば、頭がよくなる前に死んじゃいますよ」

「だいじょうぶだよ。虚空蔵だから、また生まれてくるさ。ところで和尚。いつ、色《しき》から空《くう》になり、いつ空から色になるんでしょうか」

「大石くん、それはいい質問だよ。さきほどの水の話にもどるが、水は常温では液体だが、氷という固体になるのは何度かな？」

「もちろん、零度ですよ」

「きみ、実験してみたかい？」

「いえ」

「温度をそっと下げてゆくと、零度になっても凍らない。マイナス三度から五度になったとき、容器をたたいたり、息を吹きかけたり、ちょっとした刺激を与えると、一瞬にして凍る」

「ほんとですか？」

「やってごらん。不思議なことだよ。身近なことで、もう一つある……

……カタクリを水で溶くと、ミルクのように白濁する。それを静かに熱してゆく。ある温度になったとき、ちょっと、お箸の先で触れると、一瞬にして、うそのように透明になる。どうだい小石くん？」

「それは、ぼくも経験があります」

「ちょっとした刺激で、水が氷に変化したり、カタクリが透明に変化したりする。

変という字は、ゆっくり変わること。化という字は、急に変わることを意味する。お化粧などという字は、女性が急に化けるからだろうね」

「ハハ、ほんとだ。和尚、うまいことをいいますね」

「変から化になるには、お化粧品という刺激剤がいる。水が氷になるには、揺れとか息が刺激剤になるし、カタクリが透明になるには、お箸が刺激剤になる。人間が変化するには、何が刺激剤になると思う？」

「何でしょう？」

小石くんは困ると、大石くんの顔を見る。

「えーと、変は時間ですよね。化は、えーっと……」

「縁だよ」

「そうか、縁か！」

「大石くん。交通信号は青黄赤の順序だね？」

「急に何をいうんです、和尚」

「わしは人生にも信号機があると思うんだよ。たとえば、青は行動を表し、黄はことばを表し、赤は心がけを表す。

赤は自分を戒め、黄はことばに注意し、青になったら走り出す」

「なるほど、人生の信号機ですか」

「だけど困ったことに、その信号機は、いつ、青になるかわからない」

「交通信号なら一分以内に変わりますが、そんな信号機だと、ほんとにわかりませんね」

「英語に**ファーザータイム**（FATHER-TIME）ということばがある」

「へへ。和尚の口から英語が飛び出しましたね」

「きみは、どんな意味かわかるかね？」

「おやすいご用です。お父さんの時間でしょ?」

「残念でした。小石くん。大石くんから座ぶとん一枚とれ!」

「和尚。大石さんは座ぶとん敷いてません」

「それじゃあ、貸しとくよ。ファーザータイムは〈時の翁《おきな》〉といってな。その爺さんは、つるつる頭に前髪だけ生えていて、長いひげをのばしている。右手に持った大鎌を肩にかけ、左手に砂時計を下げている」

「それは、どういうことですか?」

「大鎌は死に神。砂時計は時間を表す」

「和尚! わかりました」

さっと、大石くんの手が上がる。

「以前、和尚がいったことばを思い出しました。

〝運命の女神の頭は、ハゲ頭。前髪をつかまなければ、後はなし〟です。

つまり和尚がおっしゃりたいことは、人生の信号機は、いつ青になるかわからないから、見逃さないように気をつけろ、ということでしょ」

Father Time

「小石くん。大石くんは、もう座ぶとんの借りを返したよ」

「でもファーザータイムって、その話はほんとうですか？」

「うそと坊主の髪は結えんよ。ちゃんと辞書にのっとる」

「うまい！　和尚に座ぶとん一枚！」

「座ぶとんはいいが、これでわかったかい。

〝心ここになければ、見えども見えず、聞けども聞こえず〟といってな。

目は信号機を見ていても、ぼやっとしていると、いつ色《しき》が空《くう》になり、いつ空が色になるか、見えないだろう。

それそれ！　ファーザータイムが通り過ぎてゆくよ！」

受想行識《じゅそうぎょうしき》　亦復如是《やくぶにょぜ》 の巻

「小石くん」

「はい」

「この八文字を読み下してみるかい」

「えっ、ぼくがですか。えーっと、受想行識《じゅそうぎょうしき》は、どこかで聞いたことがあります。そのつぎは、亦復是《またまたこ》の如《ごと》し、かな」

「おお。立派なものだ。是《か》くの如しと読めば満点だったね。さて、その意味は？」

「それが思い出せないんです。とにかく〝受想行識は、またまた、このようなものだ〟では、さっぱり意味が通じません。大石さん、助けてください」

と、小石くんは手を合わせた。

「和尚。たしか、その言葉は、このあいだ五蘊《ごうん》のところで話されましたね……」

……五蘊というのは、人間の肉体と心が集まったもので、肉体は色《しき》で表し、心は受想行識で表す。

受とは、人間の感覚器官がいろいろな現象を受けつける。想は、受けつけた現象を考える。行は、考えたことを実行する。識は、実行したことを判断する意識である……

「うん、よく覚えていたね。前回は、色

という肉体が空になったり、色になったりする話だった。

続いて今回の八文字は、肉体ばかりでなく、受想行識という心も、また同じように、空になったり心になったりする、という話だ」

「しかし和尚」

と、大石くんは、けげんな顔つきで和尚を見る。

「受想行識という四文字で表す心は、もともと目に見えないものでしょう。それが空になっても、心になっても、ちっとも変わりはないじゃないですか」

「なかなか鋭いぞ。たしかに心は目に見えないが、心ぐらい、ころころと変わる気まぐれなやつはいない。

お釈迦さまも、〝人の心は、まるで木から木へ飛びうつる猿のように、少しもじっとしていない〟と、いっておられる。

そして刻々と変わる心の動きを、十の世界に分類している。

小石くん、このあいだ、お釈迦さまの十人の弟子を、両手の十本の指にたたとえたね」

「ええ、覚えています。十の戒めを守って、十の波羅蜜行《はらみつぎょう》をすれば、だれでも悟りの世界に入れる、というお話でしょ」

「そうだ。このあいだのように、きみの手を広げてごらん。まずは左手からだ」

和尚は、指先で小石くんの小指の先に触れた。

「この小指は、**地獄界**《じごくかい》を表す」

「和尚、ちょっと待ってください」

「なんかな？」

「地獄というと、悪いことをして死んだ人が落ちてゆく処でしょ？」

「違うね。いま生きている人間でも、心が地獄に落ちている者はたくさんいるぞ」

「えっ。それは、どんな人ですか」

「地獄の世界はな、自分の失敗を他人のせいにしたり、自分がした悪事を他人

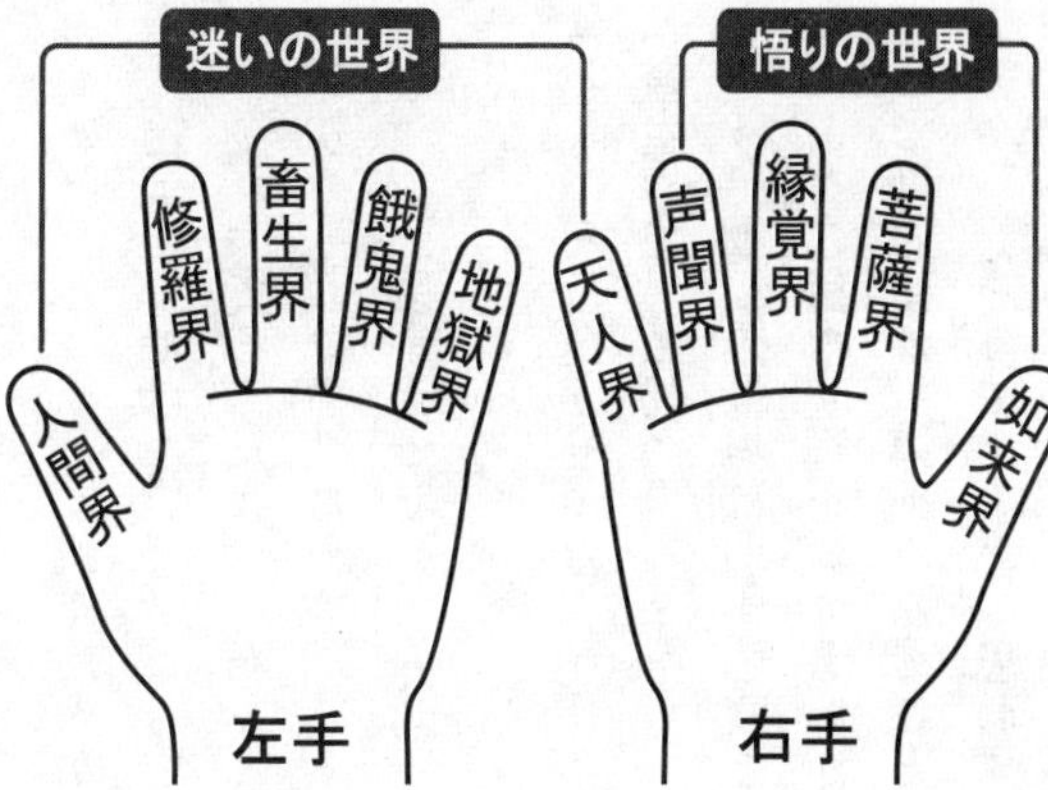

に押しつけて、その責任をとらせるような人たちが住む世界だ」

「なるほど、そんな人は国会議事堂にも大勢いますね」

「そういう小石くんだって、そんな気持ちになることがあるだろう」

「あっ。これはヤバイ！　和尚。つぎの薬指は何でしょう」

　小石くんは、あわてて自分から薬指をひらひらさせた。和尚はいう。

「左手の薬指は、**餓《が》鬼《き》界《かい》**を表す」

「それも、この世のことですか？」

「そうとも」

「じゃあ、餓鬼の心とは？」

「人のことはどうでもよい。自分だけがもっと欲しい、もっと欲しいという心のことだ。というと、飢えた人が、がつがつ食べている姿を想像するだろうが、食べ物ばかりではない。

お金だってそうだよ。小石くんも、もっともっと欲しいだろう」

「そりゃそうです。お金は、いくらあってももっと欲しいだろう」

あっ! ますますヤバくなってきた。和尚、つぎの中指は何の世界でしょう?」

「ハハ。そう急がせるな。中指は、畜生界《ちくしょうかい》さ」

「畜生って、動物の世界?」

「そう。動物の世界は弱肉強食といってな。強いもの勝ちの世界だよ。サファリパークの猛獣映画を見てもわかるだろう。

この世界には、福祉なんてことばは存在しないんだよ」

「アハハ、そうですよね。思わず、シマウマの身障馬を車椅子に乗せて、元気なシマウマが押す姿を想像しちゃいました。弱ったシマウマは、きっと腹をすかせたライオンに食い殺されますよね」

「人間社会には、ライオンよりひどいやつがたくさんいるよ。そういう畜生道に落ちたやつを何というか、知ってるかい？」

「いいえ、知りません」

「コンチクショウ！って、いうんだよ」

「アハハ、いや、まいったまいった。和尚に……」

「座ぶとんはいらないよ。つぎは人差し指だな」

「はい」

「それは、**修羅界**《しゅらかい》だ」

「しゅら？」

「修羅とは阿修羅《あしゅら》といってな、節分の豆まきに出てくる鬼のことさ。鬼はトゲのついた鉄棒を持っていて、戦うのが大好きだ。

つまり修羅は、争いの世界のこと」

「ちょっと和尚。その修羅は、牛のように角を生やして、虎の皮のふんどしを着けていますか?」

小石くんの唐突な質問だ。

「もちろん着けているさ。鬼は、ウシ・トラの方角からやってくるからな……。とにかく修羅は、なにごとにつけても、すぐ腹を立てて、けんかをふっかけてくる者が住む処だよ。

小石くんも、大石くんも、この世界には、よく出入りするんじゃないかな」

いままで黙って聞いていた大石くんが、

「いやあ、そのとおりです。しかし和尚。この四つの世界は、じつに見事に人の心の汚い動きを表していますね。

ところで左手の親指は、どんな世界です?」

と、身を乗り出してきた。

「親指は、**人間界**を表す」

「と、いいますと」

「つまり四苦八苦の世界さ」

「あ、なるほど。人はみな、何らかの形で、四苦八苦していますね。ほんとうにお釈迦さまは、方便がうまい」

「大石くんにほめられても、お釈迦さまは喜ばないよ。さて、右手に移ろう」

和尚が、小石くんにさいそくすると、

「小石よ、こんどは、ぼくが手を広げてあげよう。和尚、右手の小指は何の世界でしょう」

こういって、和尚の目の前に大きな手を広げる。

「右手の小指はねえ、**天人界**《てんにんかい》なんだよ」

「えっ。天人というと、極楽に住んでるといわれる、あの天女。もしかして美保の松原に羽衣を置いて、漁師に盗まれたという、あの天女かなあ」

「そうだ。天女は何でも望みどおりになるので有頂天になっている。だが、その天女でさえ、悩みを持っているんだよ……」

……天女の寿命は四百歳だが、死が近づくと、羽衣が汚れてくる。髪飾りの花がしおれてくる。

そして脇の下に汗をかく。目がしょぼしょぼしてくる。座り心地が悪くなる。

これを天女の五衰《ごすい》の悲しみという……


「へえー。天女でもねえ！」

「左手の小指から右手の小指までの六界を〈迷いの世界〉といってな」

そこまで話したとき、大石くんが大きな声を出した。

「和尚わかりました」

「なにが？」

「あとの四本の指は、きっと悟りの世界でしょう」

「おお、よくわかったね。では、大石くんたのむよ」

「あ、和尚。それはないですよ。それを訊きたいんです。はい、薬指ですよ」

と、ふたたび大きな手をつき出した。

「薬指は、**声聞界《しょうもんかい》**だ。声聞とは声を聞くと書く。だれの声を聞くかというと、お釈迦さまの説法を聞くことによって、悟りが開ける世界のことをいう」

「あ、十大弟子の阿難陀《あなんだ》ですね。前回、教わりました」

「もう一つの悟りを開く方法が中指だ。大石くん、中指だよ。

中指は、**縁覚界**《えんがくかい》という。縁覚とは縁を知って覚《さと》ること。ひとり座禅をくんで瞑想する。そして、自然の移り変わりや、人や物のかかわりが縁によって生まれたり、滅びたりすることを感じて、悟りを開く。

この縁覚や声聞によって、悟りを開いた人を羅漢《らかん》さんという」

「あの目黒の五百羅漢も、そうですか？」

「そのとおり。つぎに人差し指だよ。きみは太い指だね。器用な証拠だ。

人差し指は、**菩薩界**《ぼさつかい》を表す。観自在菩薩《かんじざいぼさつ》の世界だな。そして、最後の親指が、**如来界**《にょらいかい》だ。

釈迦牟尼如来《しゃかむににょらい》といって、仏さまになった、お釈迦さまの世界を表す。

この四つの世界が、大石くんのいうとおり、悟りの世界だよ」

「つまり、左手は迷いの世界である凡人の手、右手は悟りの世界である仏の手。

だから、迷いから悟りに近づくために、人は手を合わせるんですよね」

「おっ、きみは立派な説教師になれるよ」

「いやー」

テレて、首すじに手をやった大石くんに、和尚がいう。

「この十本の指が表す、十の心の世界は、前に話したように、十戒を守って、十波羅蜜行をすれば、だれでも仏になれる、ということを十大弟子が証明した。だから、数珠の房についている十個の玉のことを十大弟子という」

「うーん、なるほど。そうすると今日の話は、〝受想行識という心は、迷いの世界や、悟りの世界を一瞬も止まらずに渡り歩いているけれども、しょせん、色即是空と同じように、心即是空、空即是心なのだ〟ということでしょう？」

「よくできたよ、大石くん」

和尚がほめると、横で小石くんが、小声で、

「大石さん。あなたはいま、天人界にいるんですよ！」

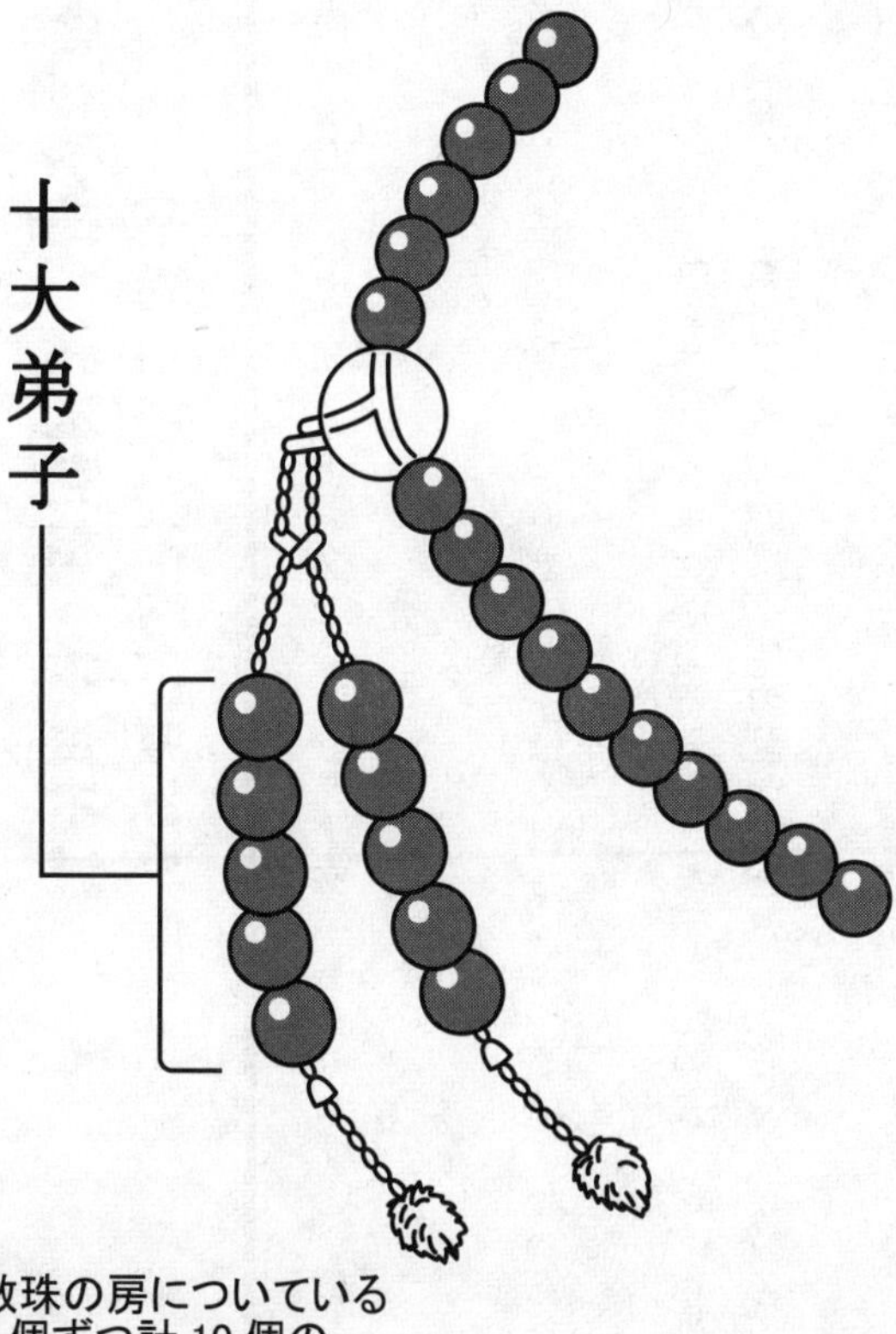

数珠の房についている
5 個ずつ計 10 個の
玉を十大弟子という

舎利子是《しゃりしぜ》　諸法空相《しょほうくうそう》　不生不滅《ふしょうふめつ》
不垢不浄《ふくふじょう》　不増不減《ふぞうふげん》の巻

「和尚、こんどはずいぶん長い文ですね。二十文字もありますよ。難しそうだなあ」

「なーに、かんたんさ」

「和尚はそんな風におっしゃいますが、ぼくたちにとっては、わかんないよね、大石さん」

「いや、これはきっと、読むコツがあると思うな。ちがいますか、和尚?」

「そのとおり。そのコツは、四文字ずつ読むことだ。大石くん、読み下してごらん」

「しまった! ヤブヘビだったか。では、読んでみます。

えーっと、まず、四文字は舎利子是《しゃりしぜ》だから……」

……舎利子よ！　是《こ》れ。つぎは、諸法《しょほう》は空相《くうそう》。それから不生《ふしょう》は不滅《ふめつ》。不垢《ふく》は不浄《ふじょう》。不増《ふぞう》は不減《ふげん》……

「おお、ちゃんと読めたじゃないか」

「でも意味は、さっぱりわかりません。はい、和尚の番ですよ」

「そうかい。小石くん」

「はい」

「この舎利子というのは、見覚えあるかな？」

「はい。お釈迦さまの十大弟子の一人で、すごく頭のいい人です」

と、得意そうに答える。

「そうだ。お釈迦さまは、大事な話の前には、きまって弟子の一人に声をかけて、注意をよびおこす。うまいもんだねえ」

「和尚、感心してないで、つぎの〝是れ〟って何ですか」

勢いに乗った小石くんに、とっちめられてしまった。

「はいはい。では、ちょっと小石くんに訊くけど、五蘊って何でしたかな?」

「えーと、前に、ぼくが、人間の体は地水火風空からできているといったけど……、そうだっ！　人間の体は、色という肉体と、受想行識《じゅそうぎょうしき》という心の二つでできている……と」

「ほう。たいした記憶力だ。舎利子なみだね」

「それは和尚。ほめすぎですよ」

大石くんが小声でたしなめる。和尚も小声で、

「いいじゃないか。〝ブタもほめれば木に登る〟っていうからなッ」

「シッ！」

噴き出した大石くん。急いで口をおさえた。

「なんですか和尚、ブタって？」

「いや、お釈迦さまのことを、サンクスリット語でブッダ、っていうんだ。そのブタ、いやブッダさんは、こういわれる……」

……五蘊などというものは、いつまでも続かない。やがて滅びて空《くう》になってしまう。肉体は色即是空《しきそくぜくう》であるし、受想行識という心も、また、かくの如しだ……

「……というのを覚えているかい？」

「もちろん。だって前回教わった、ほやほやですよ」

「そうだった。ところで〝是れ〟というのは……」

……空になったり、色になったりするのは、諸法という、いろいろな宇宙の法則に従っている……

「法則ですって？」

「そうだ。ルールだよ。宇宙の約束ごとだな。

たとえば、オリンピックの競技は人間が作った約束ごとだ。オリンピックにルールがなかったら、どうだろう」

「そりゃ、競技になりませんよ」

「そのルールってやつは、相《すがた》が見えるかい？」

「ぷっ。和尚やめてくださいよ。そんなもの見えるわけないでしょ」

「だから〝諸法は空相〟っていうんだよ」

「えっ？」

「空相とは、空しい相《すがた》だよ」

いままで、和尚と小石くんのやりとりを聴いていた大石くんが、

「あっ！」

と、一声さけんだ。

「大石さん、びっくりするじゃないですか」

小石くんの小言に耳をかさない。

「和尚！　わかりましたよ。諸法空相は、宇宙のルールによって起こるけれども、すぐ消えてなくなる現象ですね」

「ほう。さすが大石くん。たいしたもんだ」

「そんなにおだてても、ぼくは木に登りませんよ。しかし和尚。その現象って、どんなものがありますかねえ」

「あれっ、きみはわかっていたんじゃないのか。

実はね。弘法大師も昔、きみと同じように空相《くうそう》のことで、ある現象について考えたらしい」

「あの偉い弘法大師が……」

「うん。現れても、すぐ消える現象を十種ほどあげて、天長四年というから、八二七年かな。その年の三月に、『十喩《じゆうゆ》の詩《し》』という、詩を作っている」

「じゅうゆって、何ですか」

「十のたとえさ。たとえ話のことだよ。大石くんも、小石くんも、すこし考えてみるかい？」

「へえー、弘法大師って、すごいもんだな。十っていうけど、ぼくには一つも浮かんできません。こりゃ、なぞなぞですね」

「和尚。ぼくにも、さっぱりわかりません。なんだか夢か幻《まぼろし》みたいな話ですね」

「おっ！　小石くん、それだよ。夢や幻だ」

「なんのことですか？」

「夢も幻も現象なのさ。きみは二つの現象をいい当てたんだよ」

「へえー」

ポカンとしている小石くんを、横目で見ながら大石くん、

「そうかあ、そういう風に考えればいいんですね。では和尚、小石のいった夢も、そうでしょう？」

「そうだ、その調子」

「じゃあ、こだま。それから、かげろう。それから……」

「うん、それで四つだな。それでは整理して、話してあげよう。

弘法大師は、一が〈幻《まぼろし》〉、二が〈陽炎《かげろう》〉、三が〈夢〉、四が〈鏡の中の像〉」

「あ、なるほど。さすが弘法大師、見る目が鋭い」

響
泡
夢
水に映った月
鏡の中の像
乾闥婆城
虚空華
陽炎
幻
旋火輪

「弘法大師をほめてもだめだよ。つぎに、五が〈乾闥婆城《げんだつばじょう》〉」

「なんですか、そのお城は？」

「お経の中に出てくる物語でな、蜃気楼《しんきろう》のことさ。

それから六が、大石くんがいった〈響《こだま》〉、七が〈水に映った月〉、八が〈泡《あわ》〉、九が〈虚空華《こくうか》〉という」

「それは？」

「弘法大師は文学者だね。夕焼けのことを虚空の華と表現している。もし弘法大師が、オーロラを知っていたら、これも虚空華といっただろうね」

「うーむ」

「十が〈旋火輪《せんかりん》〉という。小石くん、きみは小さいころ、線香花火をくるくる回して遊んだことがあるかい？」

「はい。速く回すと、真ん丸の火の輪になって、きれいでした」

「それが旋火輪だよ。さて、大石くん。弘法大師は、これらの十の現象は〈**十《じゅう》縁《えん》生《しょう》句《く》**〉といって、すべては空相《くうそう》であり、それらは因縁によって起こる、と詩《うた》っている」

「つまり諸法は、因縁というわけですか」

「そうだ。十の現象ばかりでなく、人間の体も、あらゆる生き物も、物質が因縁で寄り集まってできた、仮の相だと、いうことだな」

「ところで和尚。それが不生不滅から、不不ばかり六つも続くのと、どうつながるんでしょう？」

「そんなに急ぎなさんな。では大石くん、不生不滅とはどんなことかな？」

「あ、やっぱり来た。それは〝生まれなければ滅びない〟、ということです」

「と、いうことは〝生まれたものは必ず死ぬ〟ということか」

「そうです」

「和尚。そんなことなら、ぼくにもできます」

と、小石くんが割り込んできた。

「そうかい。じゃあ、たのむ」

「はい。不垢不浄は〝垢がついてなければ浄らかでもない〟。それから、不増不滅は〝増えないものは減らない〟です」

「大石くん、それはどういうことかな。和尚には、よくわからないよ」

「和尚、ぼくにもわかりません。小石よ。おまえの訳は迷訳すぎて、迷惑だぞ」

「大石さん。下手なダジャレはやめてください」

「こいつめ!」

「二人とも、お聴きよ。お釈迦さまは、こういっている……」

……五蘊からできている人間の体は、この世にいる間の仮の姿である。仮の姿とは、たとえてみれば、ホテルに宿泊している旅人のようなものだ。やがては本来の姿である自宅に、帰らなければならない。これが大自然の約束事である……

「大自然の約束事といえば、その一つ、〈**エネルギー保存の法則**〉ということを知っているかい?」

二人の顔を交互に見くらべながら、和尚が尋ねると、

「ええ、中学で習いました。たしか〝力のエネルギーも、熱エネルギーも、光エネルギーも、核エネルギーも、電磁エネルギーも、その総和は不滅で変わらない〟ということでした」

理工系出身の大石くんが、自信ありげに答える。

「そのエネルギーで満タンになってるのが〝空《くう》〟という宇宙の蔵だよ。さあ、小石くん。そこでもう一度、空を不生不滅、不垢不浄、不増不減にあてはめて、解釈してごらん」

「はい。えーと、まず不生不滅です。エネルギーは、いや空は、もともと生まれないのだから滅びるわけがない。

つぎの不垢不浄。空は、垢がつかないから浄めることもない。

つぎ不増不減。空は、増えもしなければ減りもしない、です」

「そう、よくできたよ。これが本来の宇宙の姿なんだ。このことは地球を見て

もよくわかる。

地球の表面積の七割は海水に覆われているね。その水は、太陽に照らされ、蒸発して雲になる。

雲から雨になって地上に降り、流れて海に入る。このことは今から千年前も、千年後も、同じように繰り返して続き、やっぱり海水は、地球表面の七割を覆っているのだろうね」

「うーむ。やっと、わかりました。和尚！　ぼくも不生不滅で、いつまでも生きていたいと思います」

これを聞いた大石くん。小石くんのことばが終わらないうちに、

「バーカ。おまえが三百年も生きてみろ、まわりの人は、みんな死んで、だぁれも知らない人ばかりだ。

まるでロビンソン・クルーソーだな！　悲しんで死のうとしても死ねないんだ、かわいそうに！」

「あっ、そうか。そこまで考えなかった」

「生まれた者は死ななきゃ次の者が育たないのが自然のルールだ。お釈迦さまばかりでなく、キリストさまだって聖書の中でいっておられる……」

……一粒の麦の種は地上に落ちて死んで、はじめてそこから芽が出て新しい麦が育つ……と。

「小石くんのように、〝死にたくない〟というのは、ひとつの欲なんだ。その欲が苦しみを生んでゆく。

すこしは良寛さんのような気持ちにおなりよ」

「良寛さんは、どんな気持ちだったんですか？」

「〝病気になったときは、病気になればよろしい。死ぬときは死んだほうがよろしい。これが災難をのがれる最善の方法だ〟って」

「うーん。まだよくわかりませんが、般若心経って人生哲学ですね」

是《ぜ》故《こ》 空中《くうちゅう》 無色《むしき》 無受想行識《むじゅそうぎょうしき》の巻

「うむ。哲学とはよくいった。では、つぎは是故《ぜこ》から哲学しよう」

「ちょ、ちょっと待ってください和尚」

小石くんが、右手の指をいっぱいに広げて、和尚の前につき出した。

「なんかな？」

「ぼくの頭の回転が遅いことは、自分でもわかっているんですが、なっとくできないと、どうも前へ進めないいんです」

「それで？」

「この前、よくわからなかったところがあるんです」

「よっしゃ。それはどこだったかな」

「はい。一つは、人間の体は仮の姿である。それはホテルの宿泊客のようなもので、やがては自宅に帰ってゆく、という話。

もう一つは、不生不滅《ふしょうふめつ》は〈エネルギー不滅の法則〉があるから理解できますが、不垢不浄《ふくふじょう》と不増不減《ふぞうふげん》が、ちょっと、ふに落ちないんです」

「なるほど。じゃあ、まずホテルの話からしよう。

ずばりいうとね小石くん、**宇宙は一つの生命体、**だから**霊界**ともいう。

つまり、**いのちの自宅、魂の自宅、霊魂の自宅**だよ。その**魂が因縁によって旅に出る。そして肉体というホテルに宿泊する**わけだ」

「小石よ。どんなに居心地のよいホテルでも、ぼろぼろになれば宿泊客は追い出される。

どんなに健康な肉体でも、やがて老い朽ちれば、魂という宿泊客は追い出されて、宇宙という自宅に帰ることになるんだよ」

と、大石くんが助け舟を出した。

「そうか。そうすると、宇宙は魂でいっぱいなんですね。でも目に見えないから、からっぽのように見える。それが空《くう》だ、というわけですね。すこしわかりました」

「じゃあ、つぎは不垢不浄だ。小石くん、自然で、いちばん汚いものは何だろう」

「そりゃ和尚、うんちですよ」

いかにも、うれしそうに答える。

「どうして?」

「どうしてって、臭いじゃないですか」

「だけど三年も置いておくと、臭いにおいは消えて、りっぱな有機肥料になる」

「うーむ。だけど臭いものは臭い」

と、小石くんはつぶやいた。

「では、いちばんきれいなものは」

「やっぱり花ですね」

「花の中でも、美しいのは？」

「バラ……」

「あれは西洋から来た花だ。東洋では？」

「えーと」

「小石よ。蓮だ。ハスの花だ」

「おお、そうだ。大石さんありがとう」

「大石くん、お寺に行くと、蓮の花の彫刻がたくさん見られる。蓮の花は仏教の象徴だな。どうしてか、わかるかな？」

「いいえ、わかりません」

「きみは、上野の不忍池《しのばずのいけ》に行ったことがあるかい？」

「ええ。夏には、うすいピンク色の蓮の花が咲き乱れて、それは見事です」

「だけど不忍池は一面の泥沼だから、メタンガスが上がって、とても臭いですよ」

「その臭い泥沼から生まれた蓮が、一点の汚れもない、きれいな花を咲かせる。

これは不垢不浄の意味を表しているのさ」

「えっ、どういう意味ですか?」

「臭い泥沼は、煩悩《ぼんのう》にまみれた人間の、鼻もちならない汚い心を表している。でも、その中に、もともと植えつけられている仏の心が、芽を出して、やがて大輪の花が咲く、というわけだ。

昔から、この世を穢土《えど》といい、悟りの世界である極楽のことを浄土《じょうど》というのは、**泥沼のような薄汚れた世界に住んでいても、心がけ次第で、そこがそのまま極楽浄土に変わる**ことを示唆しているのさ」

「なあーるほど。じゃあ、もう一つの不増不減は?」

「小石くん、きみは麻雀は好きかい?」

和尚のことばを聞いたとたん、小石くんの声がはずんだ。

「はーい、大好きです。和尚もやるんですか。なんだったら、今夜にでも
……」

「おいおい、ずいぶんせっかちだな。和尚はやらないが、きみは家族で麻雀を

することがあるだろう」

「ええ、よくやります。連休が雨だと、おれが勝った、わたしが大損した、と一晩中にぎやかです。

だけど、麻雀が般若心経と？」

「なんの関係があるか、といいたいんだろう。それがあるんだよ。

麻雀にかぎらず、トランプでも、お金をかける勝負ごとは興奮する。麻雀は四人でやるが、お互いに勝った負けたと、いつまでやっても、四人の総額は増えも減りもしない」

「わかった！　なるほど、それが不増不減ですか、アハハ」

「わかったら、きょうのところを読んでごらん」

「はい。是故は、是《こ》の故にです」

「うん、それから」

「空中は、空《くう》の中に。無色は、色《しき》は無しです」

「いいぞ」

「無受想行識《むじゅそうぎょうしき》は、受想行識も無しですか」

「うむ、よくできた。さて、それはどういうことかの？」

「はて、それは難しい」

「こらっ、和尚の真似をするな。

是の故にというのは、〝だから〟ということだ。それは前回の話にあったね」

——舎利子《しゃりし》よ。わたし（釈迦）が説いてきた五蘊皆空《ごうんかいくう》などという教えは、みんな大自然の法則なんだよ。

大自然の生命は不生不滅だし、この宇宙は不垢不浄で、大自然の生命は不増不減なのだ——

「〝だから〟と続いて、〝空の中には色という肉体も無く、受想行識という心《しん》も無い〟と、続けて読む。

人間は、大自然の因縁によってできたものだから、自分というものには実体がない、といえる。小石くん」

「はい」

「きみは小石くんかい？」

「ええ。他人は、そう呼んでいますし、ぼくもそう思っています」

「では、きみは自分の体が、自分の思うままになるかい？」

「ええ、いまのところは思うとおりに動きます」

「それじゃあ、病気になったりするのは、きみの意志かい？」

「いいえ」

「呼吸をしたり眠くなるのは、きみの意志かい？　このあいだ歯が痛いといってたのは、きみの意志かい？」

「いいえ」

「それではちっとも、きみの思いどおりにならないじゃないか。じゃあ、奥さんは、きみのことを何と呼ぶ」

「あなた、といいます」

「お嬢さんは」

「パパ、といいます」

「では、きみはだれ？」

「えっ？」

「こんな風に、一人の人間でも、立場が変われば名前も変わる。また因縁も、時間がたつにつれて移り変わるから、肉体も変化してゆき、やがて年をとって死ぬ。実体のない仮の姿である肉体が亡びて、また次の仮の姿に新陳代謝することを思えば味気ないね」

「和尚。この世は無常ですね」

「そう。大石くんのいうとおりだ。この無常の道理に気がついて、人生の意義を知るのが、般若心経の智慧だよ。

大石くんは、平仮名は、だれが作ったか知ってるね」

「はい。弘法大師の作と伝えられています」

「あの、いろは四十七文字は、どんな意味かな？」

「えっ！　いろは文字に意味なんてあるんですか」

すっとんきょうな声を出したのは小石くんだ。

「あるとも。大石くんのいう無常の道理を、平仮名は、わずか四十七文字でいい尽くしてある」

「いやぁ和尚。ぼくも知りませんでした」

大石くんも、手の平で自分の顔をたたいた。

「伝説によると、弘法大師が、高野山に伽藍《がらん》を建てるにあたって、木組みをする材木の切り口に符丁《ふちょう》をつけるために、わかりやすい文字をこしらえた。そのとき、弘法大師は『大般涅槃経《だいはつねはんきょう》』という経典の中から、ダブらない文字を選び出して作ったという。

小石くん、いろはをいってみてくれないか」

「はい。いろはにほへとちりぬるを」

「そこまでが一節目だ。弘法大師は、それを〈色は匂えど散りぬるを〉と訳した。

それは、梅の花のように美しく匂い盛っていても、やがて散ってゆく、という意味だ。つぎは何だったかな」

「わかよたれそつねならむ」

「それが、つぎの二節目だ。それを大師は〈我が世誰ぞ常ならむ〉と訳した。それは、わが青春をおうかしていても、いつまでも続かないことをいう。さあ、そのつぎ」

「ういのおくやまけふこえて」

「三節目は、〈有為の奥山、今日越えて〉と訳した。それは煩悩深いおのれの気持ちの整理ができて、悟りをひらいてみると、ということだ。はい、おつぎ」

「あさきゆめみしえいもせす」

「おしまいの四節目は、〈浅き夢見じ酔いもせず〉と、大師は訳した。その意味は、静かな悟りの境地は、まさに極楽の世界である、ということだ。般若心経の中でも、きょうの〈空中無《くうちゅうむ》色無《しきむ》受想行識《じゅそうぎょうしき》〉のところは、とても深い意味があってな。
弘法大師は経文のこういう文句から引用したという――」
色は匂えど散りぬるをは、（諸行無常《しょぎょうむじょう》）
わが世たれぞ常ならむは、（是生滅法《ぜしょうめっぽう》）
有為の奥山けふ越えては、（生滅滅已《しょうめつめつい》）
浅き夢見じ酔いもせずは、（寂滅為楽《じゃくめついらく》）
「大石くん。諸行無常ということばは聞いたことがあるだろう」
「はい。えーっと、たしか『平家物語』の書き出しが、
祇園精舎《ぎおんしょうじゃ》の鐘の声
諸行無常のひびきあり、ボロローン
だったと思います」
「へええ、大石さんはもの知りですねぇ。だけど、そのボロローンって何です

か」

「平家琵琶だよ」

「それはおまけでしょ」

「こいつめ！」

「二人ともよくお聴き」

和尚が澄んだ声でいう。

「この四行の句は〈**四法印**《しほういん》〉といってな、仏教では、とても大切な処じゃ。こんな話がある——」

——お釈迦さまの前世は、雪山童子《せっせんどうじ》という修行者だった。ヒマラヤの山奥で修行をしていると、どこからか、自分が求めていた悟りのことば、諸行無常、是生滅法が聞こえてきた。

声の主を探していると、鬼が現れた。鬼に、後の句を教えてくれ、と頼むと、鬼は、

「お前の生命と引きかえだ」

という。雪山童子は承知して、鬼がいう後の句、生滅滅已 寂滅為楽を周りの岩に刻みつけ、高い木に登って、そこから身を躍らせて鬼に与えた。

童子の体が地に砕ける寸前、鬼は観音の姿となって童子を受け止めた——

「昔の修行者は法を求めるためには、自分の生命も惜しまなかった。小石くんは何のためなら、いのちを捨ててもいい？」

「和尚。生命ばかりは、おたすけください！」

無《む》眼耳鼻舌身意《げんにびぜつしんに》無《む》色声香味觸法《しきしようこうみそくほう》
無《む》眼界《げんかい》乃至《ないし》無《む》意識界《いしきかい》の巻

部屋に入ってくるなり和尚は、ホワイトボードに向かって、

目に青葉　山ほととぎす　初鰹《はつがつお》
衣《ころも》がえ　手につく藍《あい》の　匂いかな

と、一気に書き、それから座についた。

「和尚、俳句の時間じゃありませんよ」

大石くんがひやかしても、和尚は涼しい顔だ。

「わかっとる。まあ、今日の話が終わるまでに考えておくんだな。さて、こん

どは、今までで一番長い文だが、面白いぞ。なにしろ、人体研究だからな」

「えっ。人体研究ですって？　解剖でもするんですか」

「そうとも。気持ちのうえで解剖するのさ。考えてみると、人の体というものは、穴だらけだな。まるでパイプの集まりだ」

「ぷはっ！　パイプの集まりだなんて……和尚、笑わさないでくださいよ。でもいわれてみると、穴だらけだ」

噴き出した大石くんも、真顔になった。

「そういうつもりで大石くん、今日の処を読み下してごらん」

「はい。眼耳鼻舌身意《げんにびぜっしんに》も無く、色声香味觸法《しきしょうこうみそくほう》も無く、眼界《げんかい》も無く、乃至《ないし》、意《い》識界《しきかい》も無し、と読めます」

「そうだね。この文は、人間の感覚器官と心についての話だよ。

小石くん、このまえ話した〈色受想行識《しきじゅそうぎょうしき》〉というのは何だったかな」

「えーっと、それは五蘊《ごうん》といって、肉体のことを色《しき》といい、心を受想行識の四つに分けました」

「そのとおりだ。こんどの文はね、肉体を眼耳鼻舌身という五つの感覚器官に分けて、心を〈意〉という一言で片づけてある。だから、この文は長いようだが、

眼耳鼻舌身意が一つのグループ。
色声香味觸法が一つのグループ。
眼界乃至意識界が一つのグループと、三つに区切ればよくわかるだろう」

「いえ、よくわかりません」

と、正直に答えた小石くんは、重ねて訊く。

「和尚。ちょっと伺いますけど、眼と耳と鼻と舌はよくわかりますけど、身は何でしょう？」

「身は触覚さ。皮膚のことだよ。皮膚には穴が無数にあいている。眼耳鼻舌身は、いわばパイプの先端だよ。

この五つの感覚器官のことを、五感といってな。この五感を樹木にたとえると、木の根っこは細いパイプだ。根っこは、そのパイプの先端から、土の中の

栄養分を吸い上げて幹まで運ぶ。

小石くん、ちょっと図を見てごらん」

「おや、これはきれいな坊さんですね。髪の毛がありません。尼さんですか?」

「そんなこと、どうでもいいの。さあ、説明するよ……」

……肉体の外の世界を、仏教では外境《がいきょう》という。

外境には、色の世界(色境《しききょう》)や、声とか音の世界(声境《しょうきょう》)や、香りの世界(香境《こうきょう》)や、味の世界(味境《みきょう》)や、触れる世界(觸境《そくきょう》)や、大自然の法則の世界(法境)がある。

こんどは肉体の中の世界。

まず、見る世界(眼境《げんきょう》)は、眼の根っこ(眼根《げんこん》)から色境を吸い上げて、色を認識する(これを眼識《げんしき》という)——これが、五感の中の一感目。

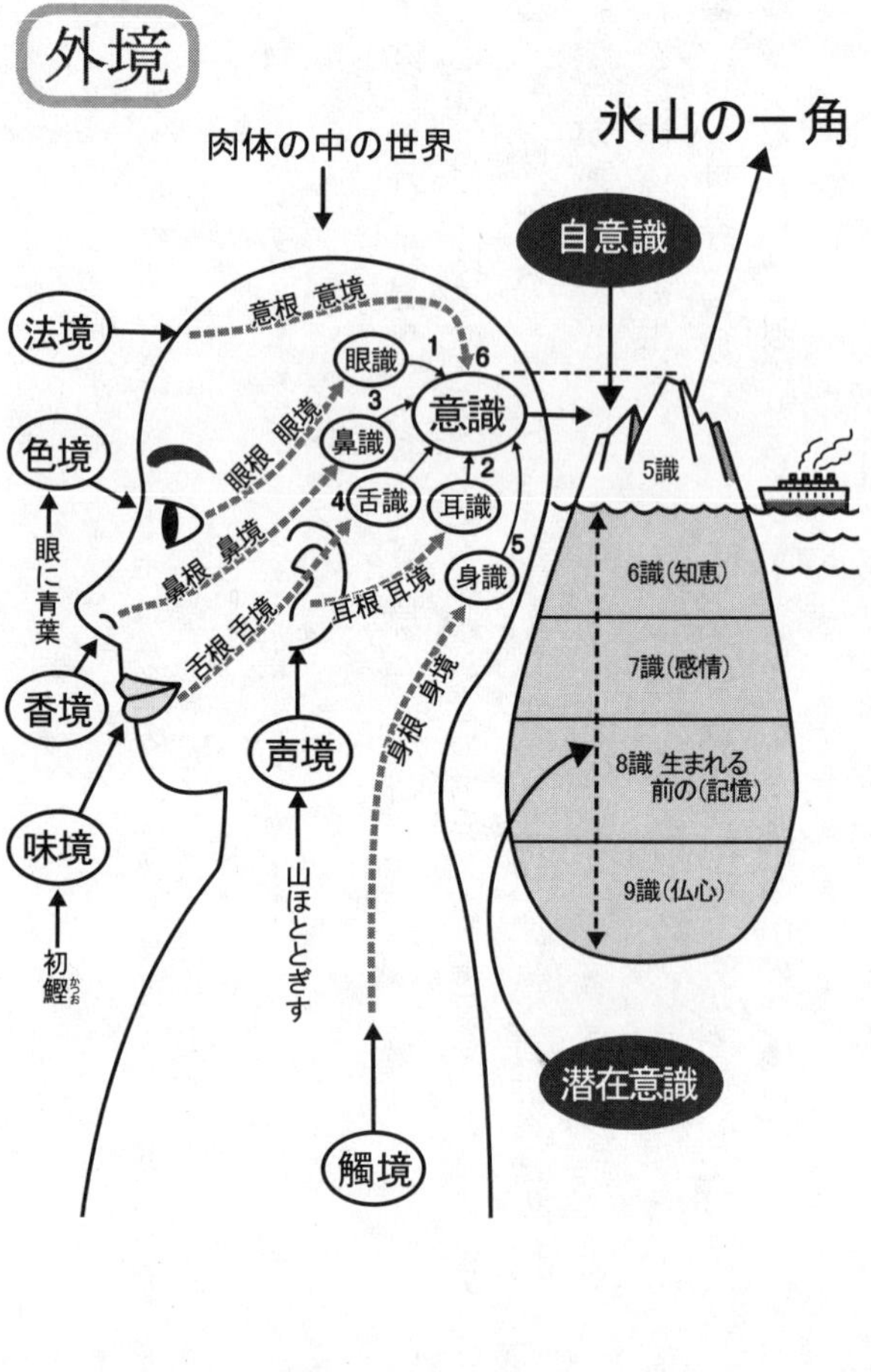
外境
肉体の中の世界
氷山の一角
自意識
法境
意根 意境
眼識
1
6
意識
3
鼻識
色境
眼根 眼境
2
4 舌識
耳識
5識
眼に青葉
鼻根 鼻境
5
身識
6識（知恵）
舌根 舌境
耳根 耳境
香境
身根 身境
7識（感情）
声境
8識 生まれる前の（記憶）
味境
9識（仏心）
山ほととぎす
初鰹《かつお》
潜在意識
触境

「わかるかい？」

「……」

「和尚の眼が、おまえの顔を見て〝これは小石だな〟と、認識したんだよ」

大石くんが助け舟を出す。

「なんだ。そんなことですか」

……つぎに聞く世界（耳境《にきょう》）は、耳の根っこ（耳根《にこん》）から声境を吸い上げて、声を認識する（これを耳識《にしき》という）――これが五感の中の二感目。

「つまり、和尚の耳が、ぼくの声を聞いて〝あ、小石の声だ〟と、認識したんですね」

「おお。そのとおりだ。ではつぎ……」

……つぎに嗅ぐ世界（鼻境《びきょう》）は、鼻根《びこん》から香境を吸い上げて、香りを認識する(鼻識《びしき》)――これが五感の中の三感目。

「これは、どういうことでしょう」

「和尚が、小石の匂いを嗅いで〝ははあ、小石はワキガだな〟と思うことさ」

「ぼくはワキガじゃありませんよ」

「ハハ、たとえばだよ。和尚、つぎは?……」

……つぎに味わう世界(舌境《ぜっきょう》)は、(舌根《ぜっこん》)から味境を吸い上げて、味を認識する(舌識《ぜっしき》)――これが五感の中の四感目。

「大石さん、まさか和尚が、ぼくを食べるわけにはいきませんね」

「バカいえ。和尚は、いつも人を食った話をするじゃないか。和尚、つぎをどうぞ……」

……つぎに觸《ふ》れる世界（身境《しんきょう》）は、（身根《しんこん》）から觸境《そくきょう》を吸い上げて、肌触りを認識する（身識《しんしき》）――これが五感目。

「和尚。欧米の人は握手するだけで、相手の人柄がわかるんですってね」

「そのとおりだよ。手の平には、その人の気が集まっている。だから欧米人でなくても、やわらかい手、堅い手、ぬくもりのある手、冷たい手、手を握っただけで、それぞれに気を感ずることができる。さて……」

……つぎに意《こころ》の世界（意境《いきょう》）は、（意根《いこん》）から法境を吸い上げて、綜合判断する（意識《いしき》）――これが六感目。

「これで眼耳鼻舌身という肉体と、意という心の第一グループが、外境の色声味觸法という形のない第二のグループを、体の中に取り入れて、無眼界乃至……」

「和尚！　ちょっと待ってください」

「なんかな？」

「あのー、無眼界はわかりますが、乃至ってなんでしょう」

「小石くん、一乃至九って何だと思う？」

「えーっと、もしかして一から九までかな」

「知ってるじゃないか。二から八までは省いたよ、ということだ。では無眼界のつぎ、二に相当するのは何かな？」

ふたたび、助っ人の大石くんが口をはさむ。

「図をよく見てごらん。乃至は無耳界、無鼻界、無舌界、無身界の四つだよ」

「あっ、そうか。そして最後に無意識界とくるんだね」

「そうさ。ところで和尚、ぼくも、お訊きしたいことがあるんですが」

「なんかな」

「この坊主頭の中に、丸で囲んだ眼識・耳識・鼻識・舌識・身識のそれぞれから、意識に向かって矢印がありますね。

これはいったい、どういう意味でしょう？」

「うん。それはね、和尚が、小石くんを見て、小石くんの声を聞いて、小石くんの匂いを嗅いで、小石くんを味わって、小石くんに觸《さわ》って、それから小石くんという人間を総合判断する――これが（意識）という六感目。

つまり第六感というやつさ」

「あっ。よく推理小説で〝刑事の頭にピーンと、第六感がひらめいた〟というのは、これですね」

ようやく、小石くんの頭にピーンと来たらしい。

「ついでに、眼根・耳根・鼻根・舌根・身根・意根のことを、六根《ろっこん》という」

「そういえば、和尚！」

と、大石くんまで目を輝かせた。

「ぼくの友人が山伏に連れられて羽黒山へ登ったとき、山伏たちは〝ロッコンショウジョウ・六根清浄！〟と、大声で唱えながら登るんだそうです。

六根清浄というのは、この六根をきれいにするという意味なんでしょうか」

「そのとおりだ。われわれ凡人は、見るもの、聞くもの、いい香りのするもの、おいしい味、すてきな肌ざわりに心を奪われる。それが原因となって煩悩《ぼんのう》が生まれてくる。神聖なお山に登るのに、薄汚れた気持ちのままでは登れない。〝ロッコンショウジョウ〟と唱えるのは、ミソギなのさ」

「なるほどねえ。ミソギというのは、自分の心についた罪や穢《けが》れを、洗いおとすことですものね」

と、手をこまぬいたが、突然、その手を振りほどいて叫ぶようにいった。

「和尚！　わかりました」

「なにが？」

「あの俳句の意味ですよ」

と、ホワイトボードを指差した。

「ほう」

「ほんとですか。ぜひ教えてください」

「うん。和尚、ぼくはこう考えました……」

〈目に〉は眼根
〈青葉〉は色境
〈山ほととぎす〉は声境
〈初鰹〉は味境
〈衣がえ〉は觸境
〈手につく〉は身根
〈藍の〉は色境
〈匂いかな〉は香境と鼻根

「いかがでしょう?」
「よくできましたよ。よくお聞きよ。

きょう話したことはね。お釈迦さまが打ち立てた「**三科《さんか》の法門**」という、人生哲学なんだ。それは……」

……まず一科目の法門は——肉体が色・受想行識からできていることを〈**五蘊**〉という。

二科目の法門は——肉体は眼・耳・鼻・舌・身・意という六根と、色・声・香・味・觸・法という六境を合わせて〈**十二処《じゅうにしょ》**〉という。

三科目の法門は——二科の六根と六境と、眼・耳・鼻・舌・身・意という六識を合わせて〈**十八界**〉という。

この五蘊と十二処と十八界を合わせて「三科の法門」という……

「だから、いまでも第六感ということばや、六根清浄などということばが残っているんだね」

「やっぱり般若心経は人生哲学なんですね。こうして和尚にいわれると、わかったような気持ちになるんですが、明日になったら、きっと忘れています」

「ハハ、小石くんは、はっきりものをいうね」

「和尚。ぼくは、さきほどから気になって仕方がありません。それは、坊さんの図の横に、海上に氷山が浮かんでいて、タイタニック号によく似た船が航海している図がありますね。あれは、なんでしょう？」

このことばにつられるように、大石くんまでがいう。

「よくいった。あの海面下の数字がなんだか謎めいて、すごく魅力的なんだ。和尚！　ぜひ、あれについて……」

「これこれ、そんなに急ぐと氷山にぶつかるぞ！」

無《む》無明亦《みょうやく》 無《む》無《む》明盡《みょうじん》 乃至《ないし》 無《む》 老死亦《ろうしやく》 無《む》老死盡《ろうしじん》の巻

「和尚。氷山って海上に見える部分は、ほんの一〇パーセントで、あとの九〇パーセントは海中なんですって」

「ほう、小石くんは、よく知ってるね」

「ええ。このあいだ『タイタニック』のDVDを観たんです。船体が真っ二つに割れて、沈むシーンなんか、すごい迫力でしたよ！」

　興奮して話す小石くんを、

「小石よ、タイタニックより、和尚の描いた氷山の絵を見ろよ」

　と、たしなめた大石くん。

「おや、和尚。こんどの絵は、坊さんの頭が小さくて、氷山がいやに大きいん

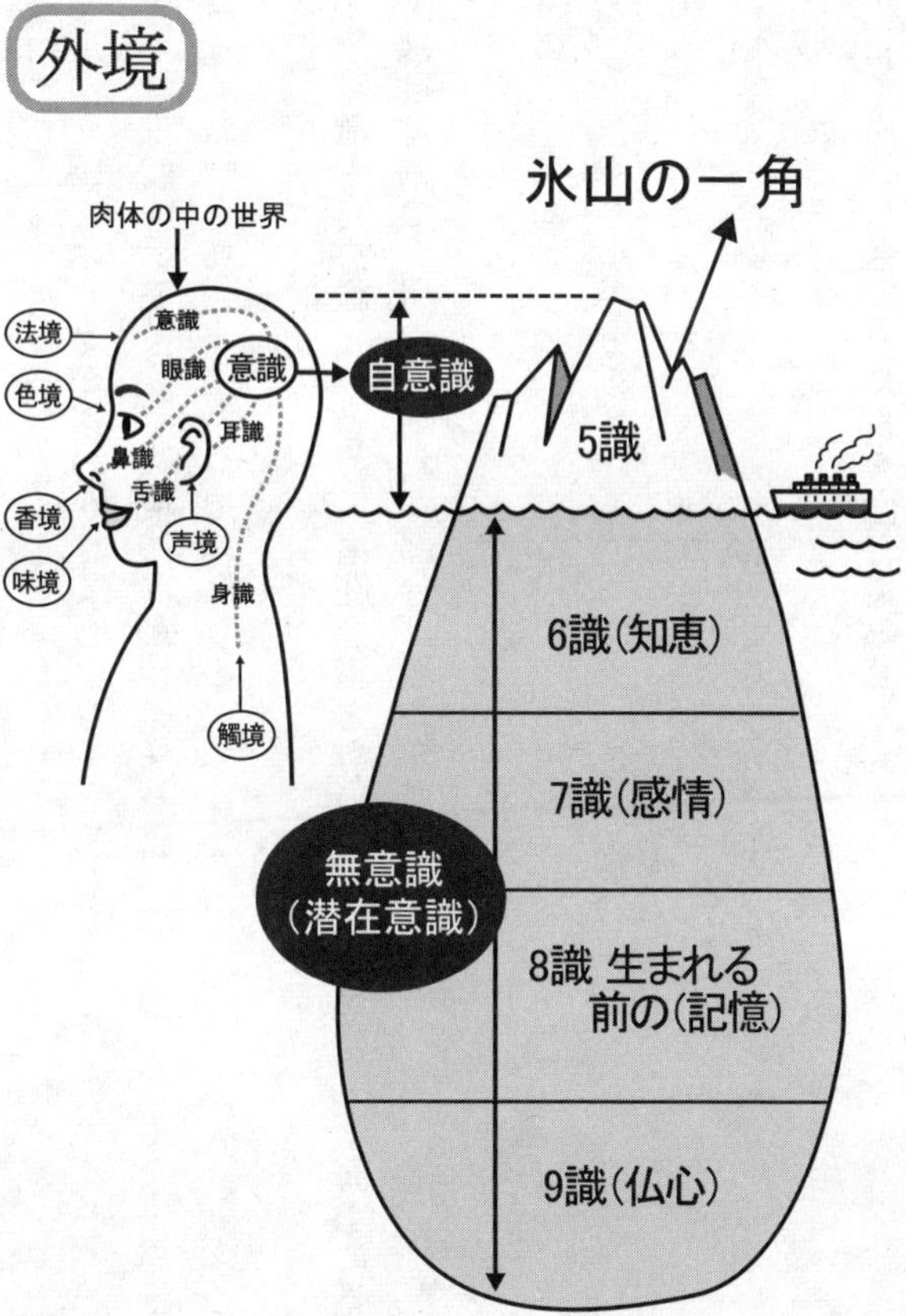
外境
肉体の中の世界
法境
色境
香境
味境
意識
眼識
意識
耳識
鼻識
舌識
声境
身識
触境
自意識
氷山の一角
5識
6識（知恵）
7識（感情）
8識 生まれる
前の（記憶）
9識（仏心）
無意識
（潜在意識）

ですね」

「うん。タイタニックがぶつかっても、びくともしないようにね、ハハ。

それにしても大石くん。人間の心の働きを意識というが、こんな不思議なものはないね。さあ、氷山を見てみよう……」

……意識を自意識と無意識（潜在意識ともいう）に分けると、海上に見える氷山は自意識で、海中に隠れた部分は無意識である……

「あのー、和尚」

と、小石くんが手をあげた。

「もうちょっと、くわしく話してください」

「ほいきた。小石くん、きみは自分が思ったとおりに、体を動かせるかい？」

「はい、できます」

小石くんは、さかんに首を回してみせる。

「それが自意識だよ。では、きみは座禅のとき、居眠りしたり、おならをしたりするのは、わざとやっているのかい？」

「おまえは座禅のとき、へをひったのか？」

「ちがいますよ大石さん。あれは無意識に出たのを、和尚に聞かれたんです」

真っ赤になって、弁解する小石くん。

「きみは無意識って、ことばを使ったね。それが無意識さ。

さ、こんどは海中の氷山だ……」

……海面すれすれの処にいる六識は、知恵を表し、七識は、怒りや悲しみや喜びなどの感情を表す。

また、八識は、自分が生まれる前から、心の蔵にたくわえられている記憶であり、九識は、心の一番深い所にある仏さまの心である。

六識も七識も八識も九識も、自分が思いもよらないときに、思いもよらない形で、海面まで顔を出すのだ……

「小石くん。きみは〝キレル〟ということを知っているかい？」

「はい、知っています。〝いま、こんな処で怒っちゃいけない！〟と、わかっているんですが、思いがけず爆発して、ナイフを振り回したりすることです」

「それは七識という感情が、突然、海面に顔を出すことだよ」

「あ、そういうことですか。わかりました」

「それでは、きょうの話に入るとするか。小石くん、これから因縁ばなしだよ。おもしろいぞ」

「えっ、因縁ばなしですって！　まさか幽霊の話じゃないでしょうね。縁起でもないことをいわないでくださいよ」

「その縁起でもない話さ。大石くん、読み下してごらん」

「はい。えーっと、〝明が無きことも無く、亦《また》……こりゃだめだ！　読めません」

「そうかもしれん。これはお釈迦さまが、瞑想修行の果てに発見した〈十二《じゅうにん》縁起《えんぎ》〉または〈十二因縁《じゅうにいんねん》〉という、人生の法則でな。

こういうふうに読み下す」

〝無明《むみょう》が無ければ、亦《また》、無明が盡《つ》きるということも無く、乃至《ないし》、老死が無ければ、亦《また》、老死が盡《つ》きるということも無し〟

「和尚。なんだかよくわかりませんが、また乃至ということばが出てきましたよ」

「うん。こんどは、その乃至が大事なんだよ。さあ、二人とも、絵を見てごらん」

「うあー。これは時計ですか、まるでメリーゴーラウンドみたいだ」

「いいことをいうね。そのとおり、人生のメリーゴーラウンドだよ。

この絵は、きみのお父さんとお母さんが結婚して、きみが生まれ、成長して大人になって結婚して子どもを作り、年をとって死ぬまでの一生を、十二時間に縮めてある」

「なるほど。お釈迦さまって、アイデアマンですね」

「時計にたとえたのは和尚なの。さあ、文字盤を見ながら始めよう……」

……一時は「**無明**」という。昔から〝親の因果が子に報《むく》い〟などというが、人生は過去から現在、現在から未来へと、つぎつぎに縁が起こり巡ってくる。

無明とは、明るくないこと。小石くんの両親が、見も知らぬ他人だったころ、お互いが無意識のうちに、わがまま、気ままという盲目的な欲望を持っていた。

「和尚、わかりました。それが般若心経の無無明《むむみよう》なんですね」

「よくわかったね大石くん。それじゃ二時からは？」

「きっと乃至の部分だと思います」

「そうだ。じゃあ、つぎに……」

……二時は「**行**《ぎよう》」という。行とは行動だ。縁あって知り合った二人が、愛し合うようになった。

十二縁起

（人の一生を十二時間に例えると…）

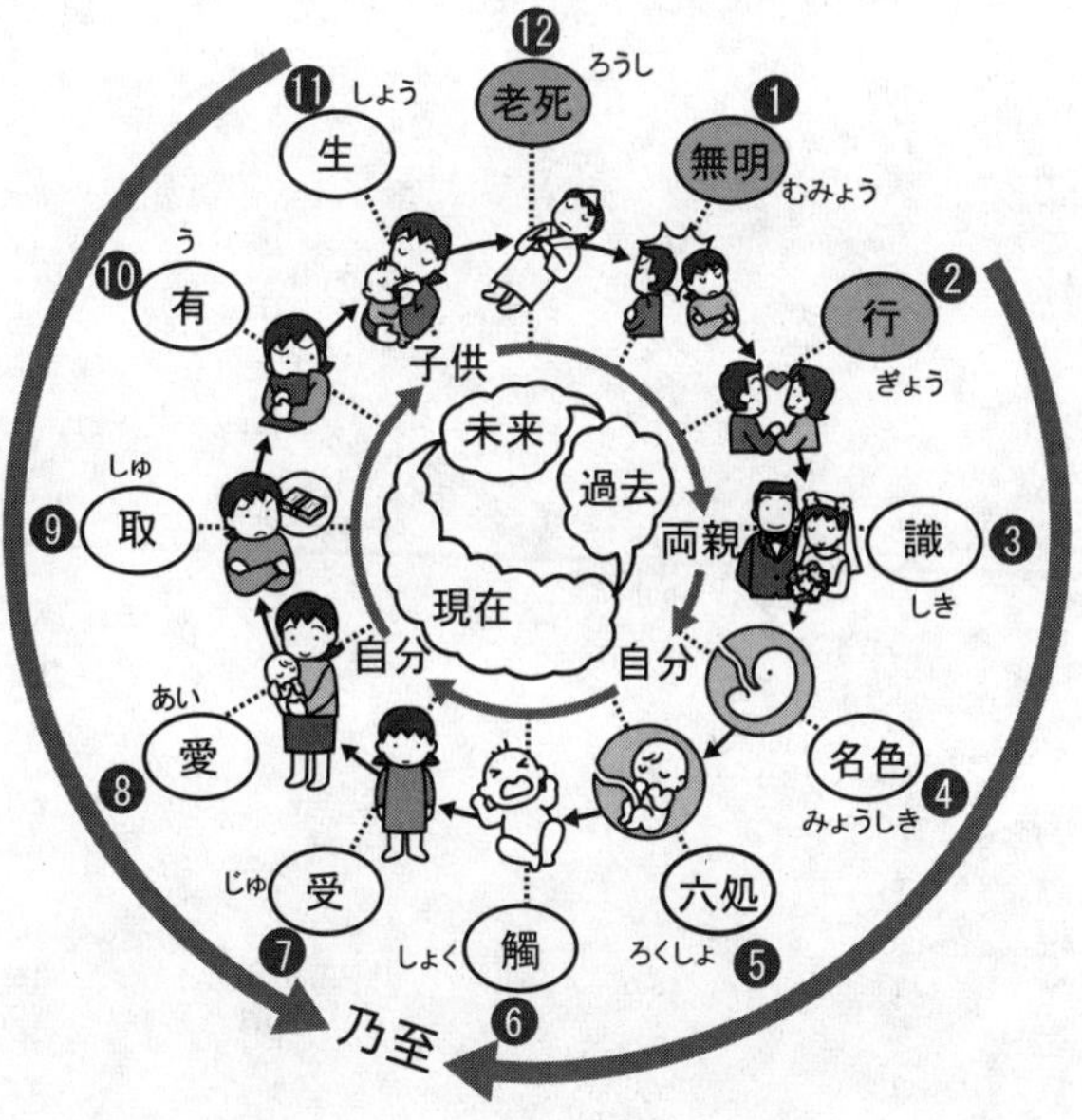

……三時は「識《しき》」という。識とは記《しる》すこと。二人は結婚して、男は女の中に子種（精子）を記した。

「小石くん。ここまでが、きみの過去だ。これから現在に移るよ……」

……四時は「名色《みょうしき》」という。名色とは心と体のことだ。受胎後四週間目、お母さんのお腹の中で、小石くんの心と体が形づくられる。

「その名色は、五蘊《ごうん》の色と受想行識《じゅそうぎょうしき》ですね」

小石くんは自分のことなので、真剣な顔つきだ。

「そのとおりだよ。つぎの……」

……五時は「六処《ろくしょ》」という。六処とは、五週間目に入ると小石くんの眼耳鼻《げんにび》舌身意《ぜっしんい》ができてくる。

「あっ、それは六根《ろっこん》ですね！」

「和尚。このときの小石くんの六根は、今とちがって清浄なもんですよ」

大石くんが、まぜっ返す。

……六時は「觸《しょく》」という。觸とは、小石くんがお母さんのお腹を離れ、初めて外境に触れて、オギャーと叫ぶ。

「なーるほど。道理にかなってますね。和尚、それからどうなるんですか?」

「そんなに急いだって、急には大きくならないよ。そこで……」

……七時は「受《じゅ》」という。受とは、小石くんの六根が、外境《がいきょう》の色・声・香・味・触・法を受けつけることだ。

……八時は「愛《あい》」という。愛とは、小石くんが成長して思春期を迎えると、きれいな女の子に、ほのかな恋心を抱くようになる。その愛は、だんだん深くなってゆくのだ。

……そして九時は「取《しゅ》」という。取とは、自分の愛する人を、自分だけのものにしたくなる。そこにライバルが現れると、ますます独占欲は強くなり、ついに強引に奪い取るのだ。

「どうだ、小石くん。覚えがあるだろう?」

「そんな強烈な経験はありませんよ」

赤くなって答える小石くんに、

「和尚。小石は振られてばかりだから、無理ですよ」

大石くんは、きついことをいう。さて

……十時は「有《う》」という。有とは、取るという強欲な行動が、恋人ばかりでなく、他人のお金や財産にまで手を出すようになって、それが業《ごう》となることだ。

「和尚。業ってなんですか？」

「ああ、それはいい質問だよ。それはね、人間の行動を〈行《ぎょう》〉というが、同じ行動を毎日繰り返すことを〈業《ごう》〉という。

たとえば、小石くんが一日だけ、寺で修行すると、〈修行〉という字を書くが、何年も修行を続けると、〈修業〉と書く。つまり、**行の積み重ねが業となるんだよ**」

「それは、善い行いも、悪い行いも業になるんですか」

「そうだよ」

「和尚！」

急に大石くんが勢い込んでいう。

「なんかな？」

「その業は、もしかして氷山の八識にあたるんじゃないでしょうか」

「どうしてわかった？」

「だって八識は、（生まれる前の記憶）と書いてありました」

「正解だよ。つまり業は、行によって習慣になった癖《くせ》が、心の奥にしみ込んで、つぎの代になって出てくる。それが〈有〉だよ。

　さ、これから小石くんの未来に入る」

　……十一時は「生《しょう》」という。生とは、小石くんが結婚して、子どもが生まれる。

　……そして十二時は「老死《ろうし》」という。老死とは文字どおり、年老いて死ぬこと。

「こうして小石くんの時代は終わり、業というきみの行動は、きみの遺伝子に記録されて、子どもの世代に持ち越されるというわけだ。

それが般若心経の〈無老死尽《むろうしじん》〉だよ。

さあ、これで小石くんの一生が十二時間で終わった」

「じゃあ和尚！　ぼくはいま、十一時から十二時の間にいるんですね。トホホ」

あわれげな声でつぶやく小石くんの背を、ドンとたたいた大石くん。

「心配するな。来世があるぞ！」

無《む》　苦《く》集《しゆう》滅《めつ》道《どう》の巻

小石くんが神妙な顔でいう。

「和尚。人生を十二時間にたとえた『十二縁起』の話は、おもしろかったです。考えてみると、両親という過去から、自分という現在になり、それから子どもという未来になるまでの因縁って、恐ろしいですね」

「そうだね。小石くんが、縁起が良い！　といって喜んだり、縁起でもない！といって嫌がったりするのも、みんな人間が作る業《ごう》の仕業だよ」

そのとき、大石くんの手が上がった。

「それについて、ちょっと質問があるんです」

「なんかな？」

「和尚は、両親がやってきた行いの積み重ねが業となって、たとえば小石の心の奥にしみ込み、それが小石の代になって出てくる、といわれましたね」

「ああ、いいましたよ」

「それは小石の責任じゃないですよね」

「もちろん、そうです」

「じゃあ、小石がどんなにがんばっても、運命はどうにもならないんですか？」

小石くんも、自分のことなので、かたずを呑んでいる。

「いいことを訊いてくれたよ。たしかに、小石くんが両親から引き継いだ業は変えられない。

両親の業が、小石くんの体に宿るから、これを〈宿業《しゅくごう》〉といってな」

といって、和尚はいったん口をつぐんだ。三人とも黙っている。

しばらくして小石くんがつぶやいた。

「ふーん、宿業か！　じゃあ、ぼくの一生の運命は決まっちゃってるんですね、ああ！」

そのことばを待っていたかのように、ふたたび和尚が話し出した。

「この十二縁起の法則を知った今、今日からの小石くんの行動を〈**身業**《しんごう》〉という」

「身業ですって？」

「そう。文字どおり、身《からだ》の業だよ。これから毎日の生活の中で、小石くんが善い行いをすることも、悪い行いをすることもある。

その行いが積み重なって業となり、それがつぎの因縁を引き起こす。それは……」

……宇宙の道理である。

黒板にチョークで書いた文字は、拭けば消える。だが、人の言葉や行動は、宇宙空間という黒板に書いた文字であり、それは永久に消すことができない
……

「大石くん、きみが少年のころ、ぼろくそにいわれたり、いじめられたりしたことは、今でも覚えているだろう」

「ええ、覚えていますとも。あの恨みは、今でも忘れません」

答えたのは、小石くんのほうだった。大石くんも、しみじみという。

「自分では気がつかなくても、他人を深く傷つけていることもある。そんなことばや行動を起こさせる人間の感情って、怖いですね」

「さあ、そこで今日の般若心経は、短い文句だが、人間の感情についての話だよ。大石くん、読み下してください」

「はい。苦も集も滅も道も無く、と読みましたが、意味はまったくわかりません」

「うむ。お釈迦さまは、まず第一に〝人生はすべて〈苦〉だ！〟と、いわれた」

「このまえ、和尚も四苦八苦の話をされましたが、人生には苦しいことばかりでなく、楽しいことだってありますよ。ぼくは、むかし、競馬で大穴を当てたときなんか、天にも昇る心地でした」

「それから、どうした？」

「得意になって、つぎつぎと馬券を買いましたが、全部はずれ！　結局は大損してやめました」

「ね。楽しいことも、やがては苦しみに変わるのが道理だよ。

さて、お釈迦さまは、第二に〝四苦八苦という苦を〈集〉めて、その原因は何だろう！〟と、尋ねた。四苦八苦は覚えているね」

「はい。まず、肉体の苦は、

　生まれる苦しみ
　老いる苦しみ
　病の苦しみ
　死の苦しみ

の四苦。つぎに、心の苦は、

愛している同士が離別する苦しみ
怨み憎んでいる相手と会う苦しみ
求めても得られない苦しみ
精力のはけ口がない苦しみ

の四苦。これで四苦八苦です」

「そのとおり。そこで四苦八苦を集めた集は、原因という意味だが、小石くんは、苦しみの原因は何だと思う？」

「えっ？　うーむ！」

不意をつかれた小石くんは、目を白黒させた。

「わかりません。だけど、お釈迦さまは、どうしてそんなことを訊くんでしょう」

「お釈迦さまは別名〈医王〉といってな。医者の王さまに、たとえられていた。

つまり、お釈迦さまは、心の病気を治す名医というわけだ。

……医王は、診察に来た子どもの患者に向かって、

「ぼく。ポンポン痛いんだって？」

「うん。ぼく、苦しい？」→苦

「どうして苦しいの？」→集

「きのう、メロンを食べすぎちゃった」

「そう。早く治りたい？」→滅

「うん」

「じゃあ、お利口さんして、このお薬を飲むんだよ」→道

と……。こんな風に〈苦集滅道《くじゅうめつどう》〉を話される。

「なんと。メロンとはぜいたくな」

「だから食べすぎたのさ。しかし、さすが医王だ。単純明快ですね。この子どもの苦の原因は、メロンですが、大人の苦の原因は何でしょうか」

「それは、人間の欲という感情さ。仏教では、欲のことを〈渇愛《かつあい》〉といってな。のどが渇ききった人が、恥も外聞もなく本能的に求める感情だよ。この欲によって、さまざまな煩悩が生まれる」

そのとたん、びっくりした顔つきで大石くんが口を開いた。

「和尚、ちょっと待ってください。欲って感情ですか。この前の氷山の話で、海面下にある無意識の中から生まれる、七識の感情のことですか？」

「そのとおり。人間の自意識では、どうにもならない感情の中には、喜びや悲しみのほかに〈怒り・やきもち・欲ばり・けち・ぐち〉というものがある。だれでも自分の欲を満足させたい。それが、かなわないから腹が立つ。どうにも腹の虫がおさまらないから、ぐちをいって苦しむ、というわけだ。そこで医王であるお釈迦さまは、第三に、〝その苦しみは〈滅《ほろぼ》〉さねばならない！〟と、きっぱりいわれる。
そして第四に〝さて、その〈**道**〉は？　すなわち、苦しみを滅ぼすには、どんな方法があるか？〟と、尋ねる。
「その〈道〉とは、苦しみという、心の病気を治す特効薬ですね」
「おお、小石くん。特効薬とは、いいことばを思いついたね。その特効薬は、〈**八正道**《はっしょうどう》〉という薬でな。この薬は、八種類の成分を調合してある……」
……一つは〈正見《しょうけん》（正しい見方）〉という薬
……二つは〈正思惟《しょうしい》（正しい考え方）〉という薬
……三つは〈正語《しょうご》（正しい言い方）〉という薬
……四つは〈正業《しょうごう》（正しい行い）〉という薬
……五つは〈正命《しょうみょう》（正しい生活）〉という薬
……六つは〈正精進《しょうしょうじん》（正しい努力）〉という薬
……七つは〈正念《しょうねん》（正しい信念）〉という薬

……八つは〈正定《しょうじょう》（正しい落ち着き）〉という薬

「ははあ、この八正道を飲めば、苦という心の病気が治るんですね。とくに効くのは、どの成分でしょうか？」

「どの成分も必要だよ。苦集滅道を明らかにした、この説法を〈四諦説《したいせつ》〉といってな。

十二因縁の法則とともに、人間社会がうまく動いていくための大事な法則だよ」

「和尚！」

「なんかな、小石くん」

「字が違ってますよ。苦集滅道を明らかにしたんだったら〈四明説〉じゃないですか。

四諦説だったら、苦集滅道を諦《あきら》めることじゃないですか」

「諦という字はね。〝あきらか〟と読む。

四諦説

明らかにする

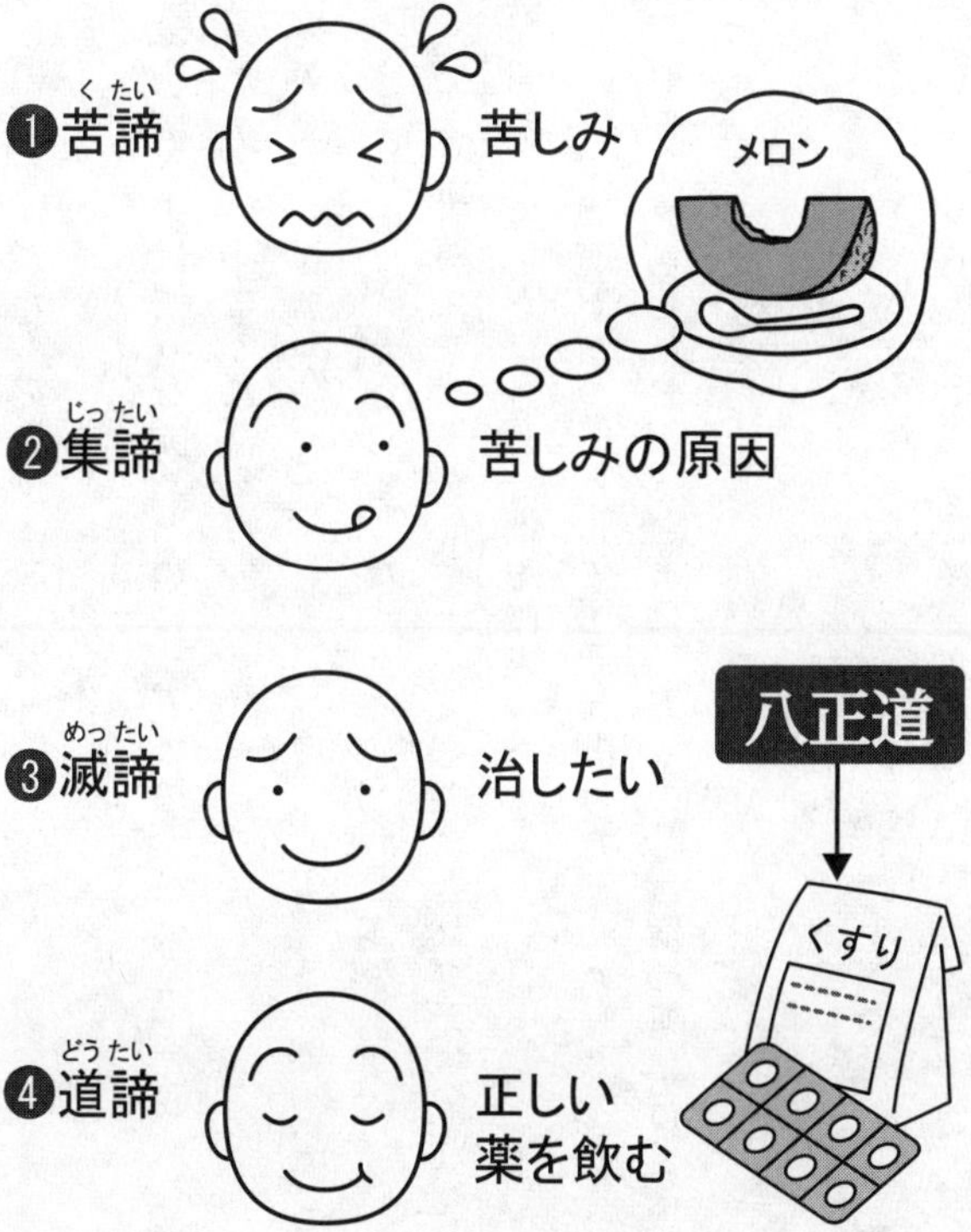
❶苦諦《くたい》
苦しみ
メロン
❷集諦《じったい》
苦しみの原因
❸滅諦《めったい》
治したい
八正道
くすり
❹道諦《どうたい》
正しい
薬を飲む

昔は、みんなこの字を使ったものさ……」

……むかし、お釈迦さまは悟りを開くために、五人の苦行僧と一緒に六年間も荒修行をしていたが、いっこうに悟れない。

〝このままでは衰弱死してしまう〟

と思ったお釈迦さまは、五人と別れて、たった一人、池で体をすすいでいた。そこへ水を汲みにきた村娘スジャータに、チーズを供養されて元気になり、池のほとりの苦提樹《ぼだいじゅ》の下で、十二月七日瞑想に入った。

翌、十二月八日の夜明け前、かつ然として悟りが開けた。

やがて悟りの境地を完成させたお釈迦さまは、五人の苦行僧の処に行き、生まれて初めて、お説法をしたところ、五人は仏を見たという……

「そのときのお説法が、四諦説だったのさ。わかったかい、小石くん」

「ああ、恥ずかしい。字が違っているなんて、いわなきゃよかった！」

無《む》智《ち》亦《やく》無《む》得《とく》　以《い》無《む》所《しょ》得《とく》故《こ》 の巻

「ようやく般若心経の、第一関所を越えたね、大石くん」

「はい、ほっとしました。三科の法門とか、十二縁起やら、四諦説《したいせつ》などと聞いただけでも、チンプンカンプンで、どうなることかと思いましたが……。和尚が、人間の頭の中を氷山にたとえたり、人の一生を十二時間にたとえたり、人の苦しみを子どもの腹痛にたとえたりしてくれましたので、人間社会の法則が、よく理解できました。なあ、小石よ」

大石くんが、音をたてて、小石くんの肩を打つと、

「あいたっ！」

と、眉をしかめた小石くん。

「でも和尚。ぼくはよほど頭が悪いんでしょうか、和尚の話を聴いているときはよくわかるんですが、一歩、寺の門から外へ出たとたん、みんな忘れてしまうんです。大石さんがうらやましい」

「おいおい、あんまりはっきりいうなよ。実は、おれだって似たようなもんだよ」

「えっ。ほんとですか？」

疑わしそうにいう小石くんに、和尚は、

「二人とも、それでいいんだよ。忘れたら、つぎに来たときにふたたび訊く。そしてまた覚えて、また忘れる。それでいいのさ。

そこで今回の話に入る。さあ、いつものように大石くん、読み下してごらん」

「はい。〈智も無く、亦《また》、得も無く、所得も無き故に〉と、読みます。

和尚に訊かれる前に、自分流に訳しますと、〈知識も智慧も無く、また、何も得ることが無く、何の所得も無いために〉という意味になります」

「はて。和尚には、さっぱりわからんぞ」

「実は、訳している本人にもわかりません」

さっそく小石くんが割り込んできた。

「大石さん、そりゃひどいよ。和尚、早く、ちゃんと訳してください」

「そうだね。大石くん、無智というのはね。〝知識も智慧も無い〟ということではない。〝知らないことは何も無い〟ということなのだ」

「えっ。じゃあ、われわれが日常使っている〝無学〟というのは〝学問が無い〟ということではないんですか？」

「そうとも。仏教の世界では、無学とは〝学ぶべきことはすべて学んでしまって、もはや学ぶべきことは何もない〟という意味だよ」

「えーっ！　それは知りませんでした」

「それを〝不知《ふち》〟という」

「大石さん。だから、ぼくらみたいな人間は、無学な男じゃなく、不学な男というんですって」

「こらっ！」

首をすくめた小石くんは、それでも、たじろがない。

「和尚。ここに書いてある無智の智は、古い字を使ってありますね。ぼくたちなら、知識の知で無知と書きますが、これには何か意味があるんでしょうか？」

「おおありだよ。知識や知恵の知は、ただ、〝知る〟というだけでね。どうでもいいような雑学や浅知恵とか、悪知恵といってもいい〝知〟だよ。ところが、難しい智は、知るという字の下に日と書く。日は、お日《ひ》さまのことで、昔は、お天道《てんと》さまといった。

それは、天の道という道理の智慧だよ」

「なるほど。無智ということは、三科の法門や十二縁起や、四諦説という道理を、すべて心得ている智慧なんですね」

横から、大石くんが深くうなずいた。和尚は続けていう。

「無智が、道理という宇宙の法則を、すべて知っていることなら、また……」

三科の法門

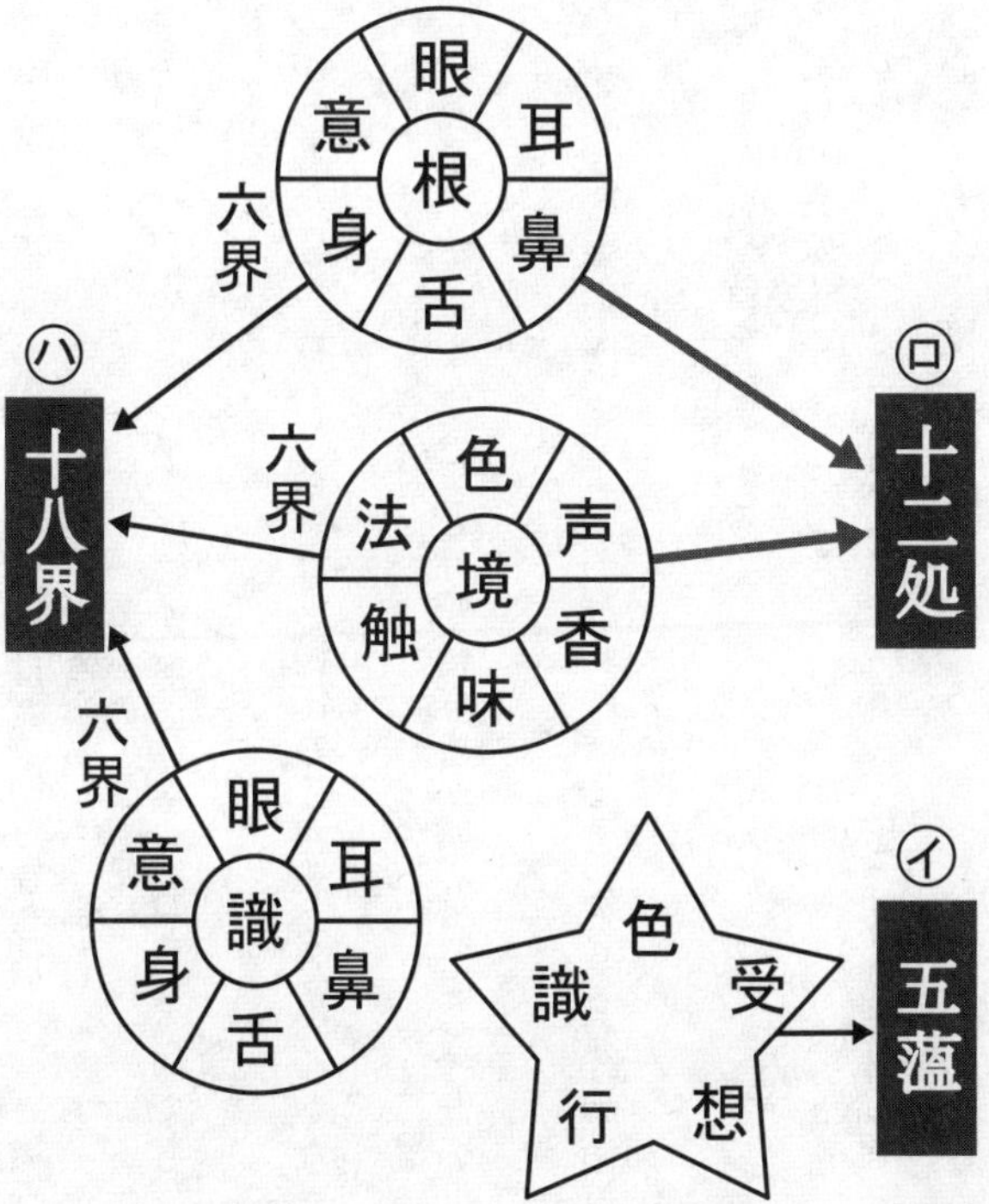

……〝無得〟すなわち、得るものは何もないは、〝何も要らない〟ということ。

そして〝無所得を以っての故に〟は、所得が無い、すなわち、〝何でも、みんな持っている〟〝ないものが何もない〟ということだから……

「……欲しいものが何もない、ということは、**何にもこだわらない**ことなんだよ。それが無所得の心さ」

「和尚。それはわかりますが、そんなことは、仏さまか聖人君子じゃないと、できませんよ」

「大石さん。だから般若心経なんですよ。われわれにできたら、お経の値打ちがないですよね」

と、小石くんは、またもや首をすくめる。

「こいつめ、よくもいったな！」

「よしよし。それでは、ここらで、お釈迦さまが悟られた三科の法門と十二縁起（因縁）と四諦説を、もう一度、整理してみよう。

無所得の気持ちになるためには、とても大事な法則だもの。寺の門までしか覚えていないようでは困るからな」

和尚のことばに、大石くんは満足気な視線を、小石くんの横顔に浴びせた。

「さあ、二人とも、右手を広げてごらん。小石くんは、このまえ和尚が、左手は迷いの世界で、右手は悟りの世界だという話をしたことを覚えているかい」

「はい。あれはおもしろかったです。迷いの世界は、左手の親指が人間界で、それから小指に向かって、人差し指が修羅界《しゅらかい》、中指が畜生界《ちくしょうかい》、薬指が餓鬼界《がきかい》、と、だんだん落ちていって、奈落《ならく》の底が小指の地獄界《じごくかい》でした」

「ハハ、奈落の底とは恐れ入ったな。では、大石くん、悟りの世界はどうだった？」

「ええ。仏さまの世界にも階級があるようです。小石流に落ちてゆくと、一番偉いのが親指の如来界《にょらいかい》で、ナンバー2が人差し指の菩薩界《ぼさつかい》、ナンバー3が中指の縁覚界《えんがくかい》、ナンバー4が薬指の声聞界《しょうもんかい》、一番下が天人界《てんにんかい》だけど、天人は有頂天になっているから危ないって、和尚はいわれましたね」

ナンバー4
ナンバー3
声聞
四諦説
声聞
八正道
縁覚
5
天人界
声聞界
縁覚界
2
菩薩界
1
如来界

「そのとおり。だから右手にあるのに、天人は悟りの世界から外されたのさ。
さて、図1から見ていこう。お釈迦さまは、瞑想修行をして、自然界の因縁
について深く考えた……」

……㋑人間の体と心は、色受想行識《しきじゅそうぎょうしき》の五つが集まってできている
→五蘊

㋺眼耳鼻舌身意《げんじびぜっしんに》という六根《ろっこん》の世界は、色声香味触法《しきしょうこうみそくほう》という六境の世界
を、脳幹に伝える
→十二処

㋩脳幹に運ばれてきた六根と六境の世界を、六識の世界が判断する
→十八界

「それが三科の法門だったね。つぎに、お釈迦さまは考えた。人間は……」

……無明という、ご先祖からの性質が縁となって、㊅という、両親の行いが

因（原因）となる――過去

それから両親が結婚し、妊娠して識という果（結果）になり、胎児は名色という果から六処という果になり、オギャーと生まれて触という果になり、外界のものを受けて受という果になり、成長するにつれて欲が出てきて愛となる。愛が縁になり、取という執着になる。執着が縁となって有という未来への因を作る――現在

続いて、自分の子が生まれて生という未来の果を作り、やがて自分は老死するが、すでに未来の名色や六処が発生して果を作る――未来

「こういう風に、縁によって因が生まれ、また縁によって果ができる。その果が、また縁によって因が生まれ……と、お釈迦さまは十二因縁を覚ったんだな。だからナンバー3を縁覚《えんがく》というんだよ」

「なーるほど」

「和尚。縁覚で覚った人を、阿羅漢《あらかん》さんというんですよね」

図1　十二因縁

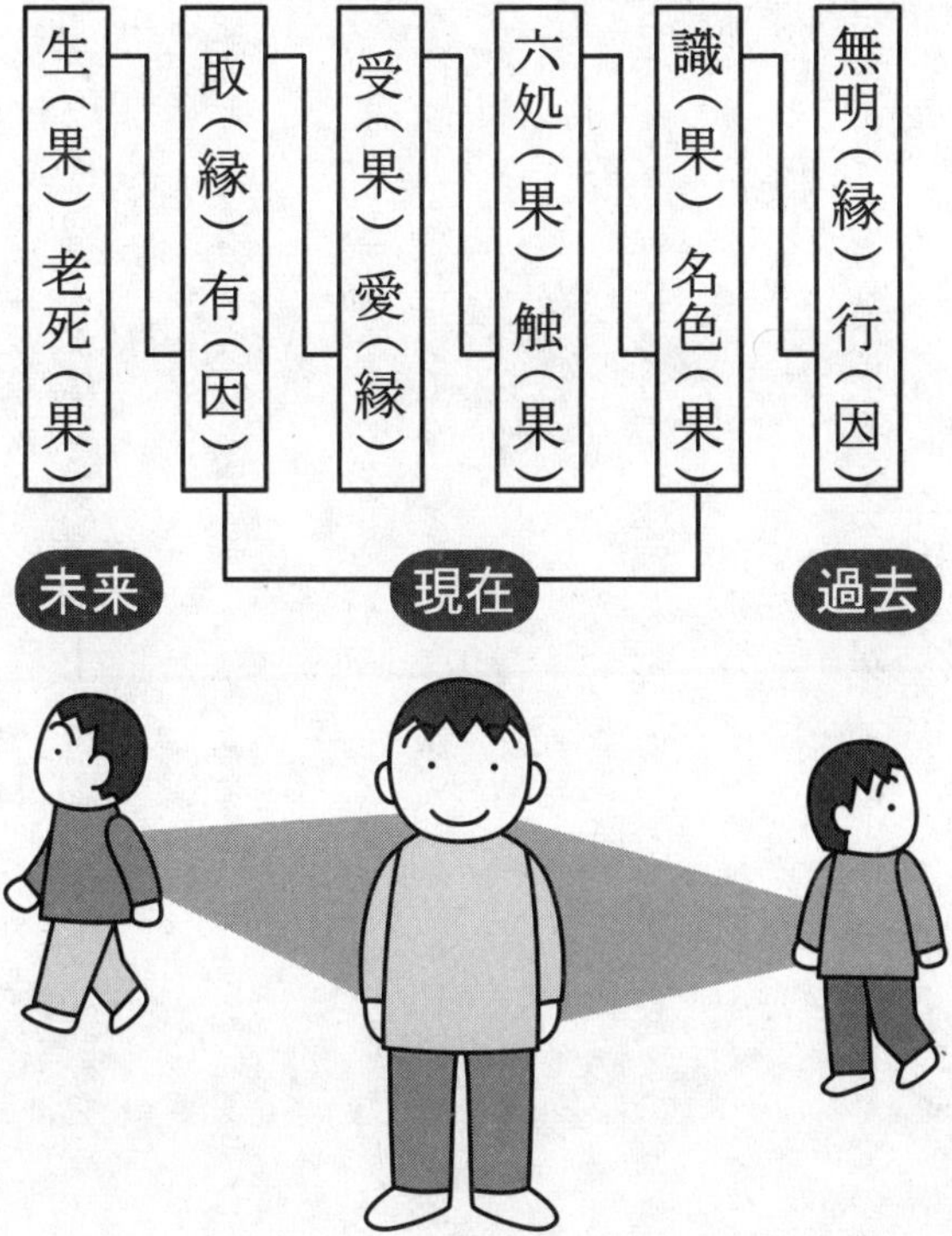

「おや、小石くんは、よく覚えているね。さて、話はこれからだ……」

……悟りを開いたお釈迦さまは、その場で十四日間、満足の笑みを浮かべて悟りの世界を楽しんでいた。

それをじっと見ていたのが天上に住む、梵天《ぼんてん》と帝釈天《たいしゃくてん》である。梵天は、帝釈天に向かって、

「せっかく悟りを開いた釈迦を、このまま放っておくのはもったいない。きみ、ちょっと下界へ行って、忠告してやってくれないか」

といった。

「よございます。行ってきましょう」

帝釈天は、さっそく下界に下りて、座禅を続けているお釈迦さまの肩を、トントンとたたく。

静かに目を開けたお釈迦さまに、こういった。

「あなたは、自分だけの悟りの世界にいますが、この世には、苦しんでいる人がたくさんいるんですぞ。

その人たちに、どうすれば悟れるかを教えてあげるのが、もっと大切なことじゃないのかね！」

ハッと気がついたお釈迦さまは、

「たしかにそうでした。では、さっそく」

と立ち上がった。

「なるほど、そうだったんですか。それでお釈迦さまは、むかし一緒に修行していた苦行僧たちに、初めてお説教した。そのお説教が、四諦説だったんですね」

「大石くんは、いったん寺の中へ入ったら、みんな思い出すんだね。たいしたもんだ」

「だって和尚、それは、このまえ教わったばかりです」

「そうだったか。それじゃあ、四諦説を、和尚に話してくれないかな」

「あっ、しまった！　やれやれ、和尚にはかないません。では、やってみます。それでは図2を見てください……」

……1は苦諦です。病気にたとえますと、その症状は四苦八苦しています。

2は集諦です。診断してみますと、その原因は、食欲・性欲・睡眠欲・財欲・名誉欲という、人間の五欲です。

3は滅諦です。五欲から十二因縁（縁起）が生まれますので、何としても、五欲を滅ぼさねばなりません。

さて、その治療法は、といえば、

4の道諦です。それには八正道という薬を飲むこと、つまり八正道の実践です……

「よくできた。その五欲を滅ぼす智恵が、無智という大きな智恵だ。それは大智ともいう。

そして八正道を実践するには無所得の心、つまり、何ごとにもこだわらない気持ちが大切なんだよ」

大石くんは、パシッと自分のひざをたたいた。

図 2

四諦説

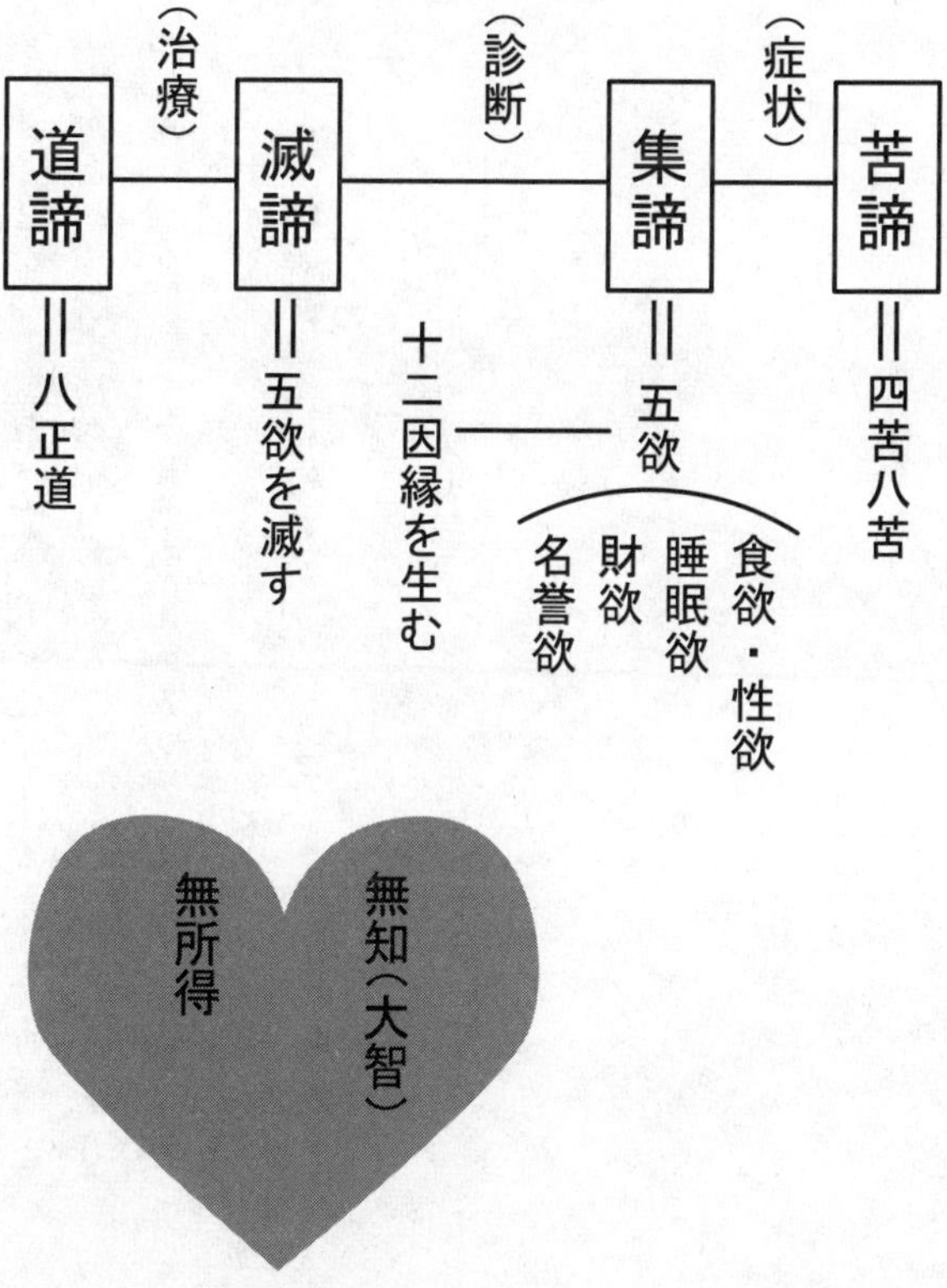
苦諦
（症状）
＝四苦八苦
集諦
＝五欲
食欲・性欲
睡眠欲
財欲
名誉欲
（診断）
十二因縁を生む
滅諦
＝五欲を滅す
（治療）
道諦
＝八正道
無知（大智）
無所得

「そうだったのか！　和尚は、無智と無所得の心をいうために、もう一度、三科の法門や十二因縁と四諦説を持ち出したんだ」

「説法する大石くんの声を聞いて、悟りを開いたのが、声聞というナンバー4の人たちだ。どうかね小石くん。阿羅漢さんになれたかな……？」

「………」

「和尚。そんなことといっても、小石は、アッケラカンですよ」

菩提薩埵《ぼだいさった》　依般若波羅蜜多故《えはんにゃはらみたこ》の巻

「さあ、大石くん、今日のところを読み下してごらん」

「はい。〈菩提薩埵《ぼだいさった》は、般若波羅蜜多《はんにゃはらみた》に依《よ》るが故《ゆえ》に〉と、読みました。

菩提薩埵って、なんだか人の名前のようですが、いったい何者でしょうか」

「何者には、恐れ入ったな。菩提は、梵語《ぼんご》で悟ること、薩埵は、人のことをいう。菩提薩埵は〈悟った人〉の本名で、それを略した菩薩は、あだ名だね」

とたんに、小石くんが大声を出した。

「なんかな小石くん、大声で」

「すみません。前に観自在菩薩《かんじざいぼさつ》のところで、菩薩は悟った人と、聞いたような気がするんですが、じゃあ、観音さまの本名は、観自在菩提薩埵というんですか」

「そういってもいいが、小石くん、いってごらん」

「小石よ、舌をかむからやめとけ。それより和尚、ここでは菩提薩埵は、観自在菩薩になったお釈迦さまのことですね」

「そうだよ。そのお釈迦さまは、般若波羅蜜多に依って、菩提薩埵になれた、というわけだ。ちょっと、画を見てごらん、下手くそだが、わかるかな」

「へええ、和尚が描いたんですか。おっ、坊さんが浴衣の片肌ぬいで、自転車をこいでますね。いや、これはバイクかな。ペダルがないぞ！」

「しっ！　だまれ」

大石くんが、あわてて小石くんの口を押さえる。

「これは袈裟をつけた坊さんが、自転車に乗っているのさ。この前、話したように、縁覚《えんがく》や声聞《しょうもん》で悟った阿羅漢《あらかん》さんだ……」

……阿羅漢さんは、一人で悟りの世界を楽しんでいるので、一人乗りの小さ

羅漢

＝

小乗《しょうじょう》仏教（上座部仏教）

な乗り物に乗って、一人でサイクリングを楽しんでいる姿にたとえて、〈小《しょう》乗《じょう》の仏〉という……

「つぎの画を見てごらん」

「ほう、これは釣りをしていますね。和尚！　坊さんが殺生をしていいんですか？　しかも釣り竿の先にミミズをつけたって、魚は釣れませんよ」

「まあ待て、小石よ。和尚の話を聴こう。これは、おもしろそうだぞ」

「たしかに釣りをしている……」

……釣り人が、じっと糸を垂れていると、釣り人の手許から、尺取り虫がはい上がってきた。

それは、一寸きざみに竿の先まではっていき、竿の先にたどり着いた。

頭を突き出して、あたりをぐるぐる見回してみたが、これで行き止まりと悟った尺取り虫は、くるっと向きを変え、もと来た道を戻りはじめた……

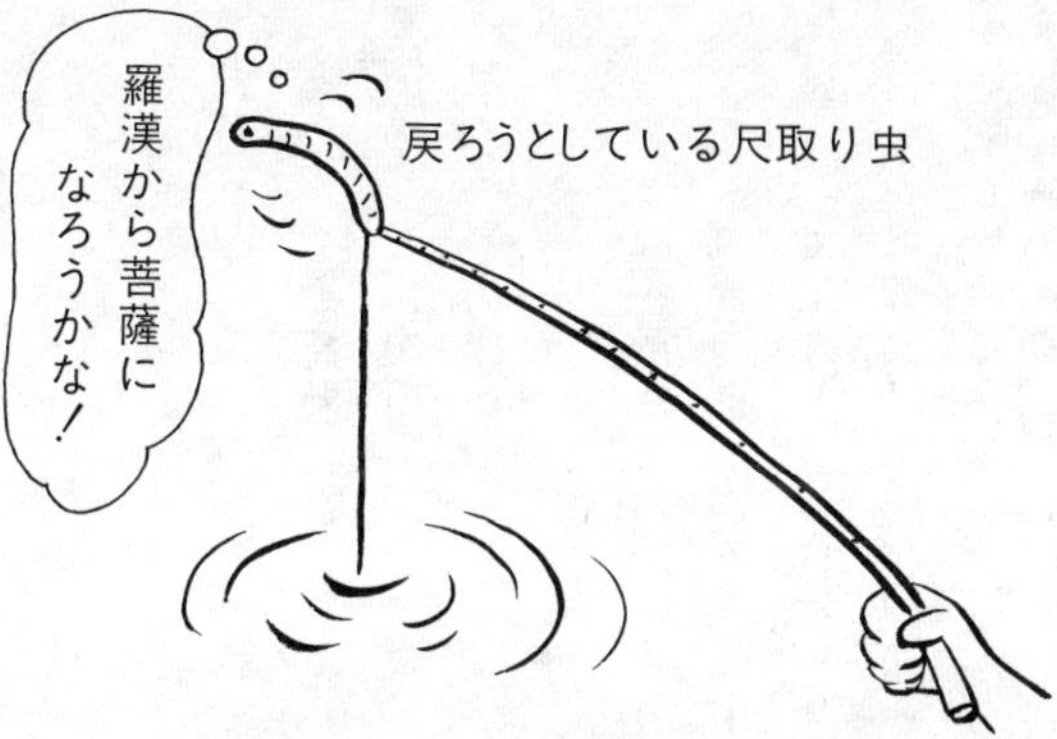
羅漢から菩薩になろうかな！
戻ろうとしている尺取り虫

「さあ、大石くん。これは、どういうことかな？」

「それ来たぞ」

待ちかまえていたように、大石くんは胸を張った。

「はい。尺取り虫が、釣り人の手許からはい上がっていったときは、お釈迦さまが、菩提樹《ぼだいじゅ》の下で瞑想に入られたときです……」

……竿の先までたどり着いたときは、お釈迦さまが悟りを開いて、阿羅漢にな られたときである。得意になって、あたりを見回していると、天の声がして、〝尺取り虫よ、もう一度戻れ！〟といった……

「大石さん、天の声ってだれですか」

「あれ、もう忘れたのか。帝釈天《たいしゃくてん》が、天から降りていって、お釈迦さまに、梵天《ぼんてん》のことばを伝えたじゃないか。

〝早く、その座を立って、多くの人たちに、悟った内容を教えてやれ！〟って」

「つまり〝羅漢から菩薩になりなさい！〟といったんですね」

「さて、つぎの画に移ろう。小石くん、こんどはきみの番だよ」

「はい。えーっと、これはバスだ。運転手は坊さんです。でも、このバスは路線バスみたいだけど、観光バスかなあ。それとも坊さんが運転しているから、斎場から火葬場行きのマイクロバスかなあ？」

「小石のアホ！　和尚はマンガ家じゃないんだ。そんなこと、どっちだってい

いんだよ。じれったいなあ！　和尚。おれにやらせてください」

大石くんが話を横取りしてしまった。

……帝釈天にいわれて座を立ったお釈迦さまは、小乗の乗り物を捨てた。そしてつぎには、歩き疲れて困っている人びとをみんな乗せてあげる、大きな乗り物の運転手になった。

これを〈**大乗《だいじょう》の仏**〉という。

大乗の仏は、終点である涅槃《ねはん》（悟りの世界）という目的地まで、全員を運んであげるのだ……

「えらい。さすがお釈迦さまですね」

「まだあるぞ。目的地に着いて、みんなを降ろしても、自分はバスから降りないで、ふたたび、くたびれ果てて苦しんでいる人たちの処へ戻っていくんだ。まるで、さきほどの釣り竿の先から、引き返してゆく尺取り虫のようにね……。小石よ。そういう大乗の仏であるお坊さんを、菩提薩埵、つまり菩薩《ぼさつ》というんだよ」

と、大石くんは、大きく肩をいからせて、鼻の穴をふくらませた。

その姿を見ながら小石くんは、フッとため息をついて、訴えるようにつぶやく。

「和尚。菩薩といわれる人は、あんなにいばりませんよね」

「そうよなあ。ここで二人に、ちょっと小乗《しょうじょう》の仏と大乗の仏について話しておこう……」

……現代、タイをはじめ東南アジアの仏教は、ほとんどが小乗の仏、阿羅漢になることを目指しているから〈小乗仏教（上座部《じょうざぶ》仏教）〉といわれる。

それにくらべて、日本や韓国の仏教は大乗の仏、菩薩になって、世のため人のために尽くすことを目指しているから、〈大乗仏教《だいじょうぶっきょう》〉といわれている……


「そうだ！　小石くん、ずっと前に、一休さんと庄屋さんの話をしたことがあったね」

「和尚は、よく覚えていますねえ。そんなことがありましたっけ？」

「あったとも。京で有名な一休さんが、農村を旅行していて、ある庄屋さんの処で、一泊することになった……」

……庄屋さんは、京から来た偉いお坊さまが、お泊まりになる。この機会に、色紙に何か書いていただこうと思って、恐る恐る一休さんの前に出て、こういった。

「お坊さまは、菩薩といわれておられます。わたしたち農民は、充分に字が読めませぬ。

菩薩とは、どんなお人なのか、わかりやすく、ご染筆いただけますまいか」

「いいとも」

気軽に筆をとった一休さんは、一気に書いた……

「さて、小石くん。これをどう読むか、思い出したかい？」

「すみません。いっさい、記憶にありません」

「下手な国会議員のような答弁だな。大石くんは、覚えているだろう」

「はい」

返事はしたものの、大石くんも、大きな手を首の後ろに回して読み出した。

「えーっと。腹が横に書いてあるから〝腹立てず〟です。つぎは心を丸く書いてあるから〝心は丸く〟。つぎは気という字は長いから〝気は長く〟。そのつぎは、えーっと、何だったかな」

「おのれだよ」

「そうでした。小さく書いてあるから〝己小さく〟。最後は〝人は大きく〟でしたっけ」

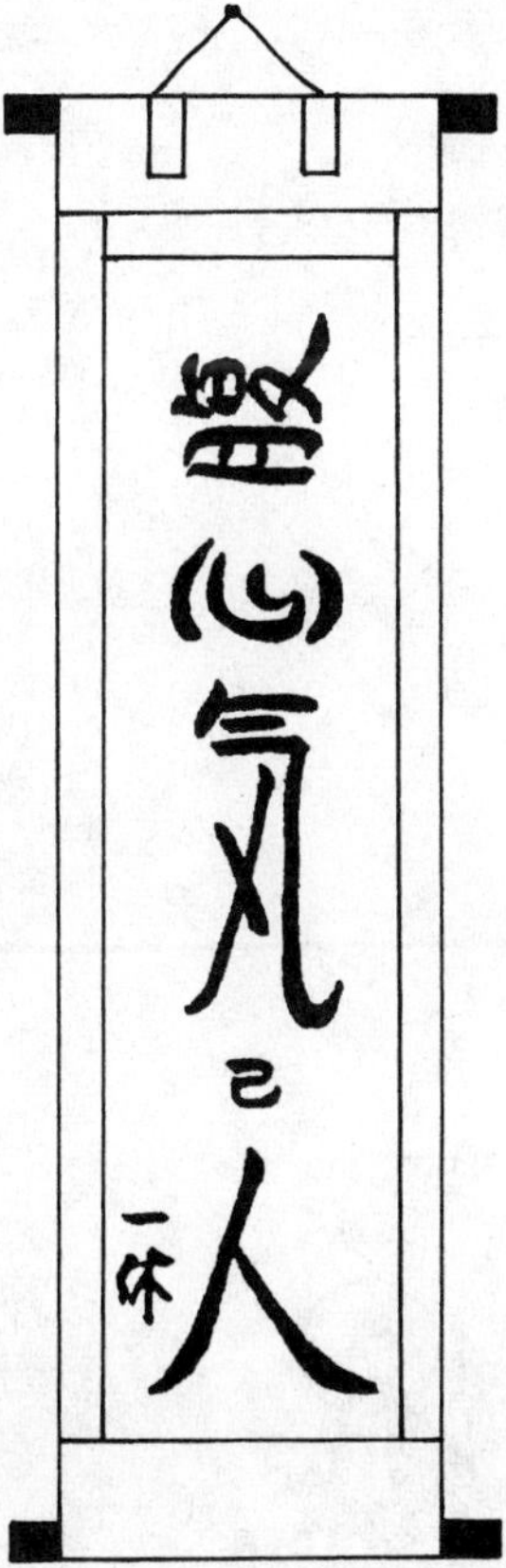

「そう。一休さんは〝菩薩《ぼさつ》というものは、そんなに偉い人のことではない。怒らない、円満な心で短気にならず、自らは、へり下って、他人を大きく立てることができる人は、みんな菩薩だよ〟と、いったのさ」

「なるほどねえ。和尚、この話は何べん聴いても新鮮ですね」

「これこれ、忘れたのをごまかしちゃだめだぞ！　だがな、大石くん」

と、和尚が座りなおしたので、大石くんも小石くんも、それにならった。

「弘法大師も発光《はっこう》菩薩といわれたが、菩薩には、〈**四無量心**《しむりょうしん》〉といって、こんな覚悟がいるんだよ……」

……一つは〈慈悲《じひ》〉といって、いつも他人に対して慈しみの心と、あわれみの心を持っていられること。

もう一つは〈喜捨《きしゃ》〉といって、いつも他人に喜びと希望を与え、世のため人のためならば、いつでも自分の財産や生命すらも、捨てる覚悟……

「生涯、カルカッタに住んで、貧民につくしたマザーテレサさんなんかは、まさしく、テレサ菩薩だな」

今まで、じっとうつむいて聞いていた小石くんが、急に顔を上げた。

「ぼくも修行して、菩薩になりたいんです！」

大石くんは噴き出した。

「小石よ、それを〝話食い〟というんだよ」

心《しん》無《む》罣《け》礙《げ》　無《む》罣《け》礙《げ》故《こ》の巻

「小石よ。おまえが、修行して菩薩《ぼさつ》になりたいというのは本気かい？」

大石くんが、向きなおって訊く。

「もちろん本気です」

「うそつけ。おまえは、こう思っているんだろ……」

（……ぼくは中小企業の営業マンだ。まもなく四十二歳の厄年を迎えようとしている。

社長になれなくとも、せめて専務ぐらいまでは出世したいが、この年になっては、とても見込みがない。

さいわい、和尚とご縁ができて、仏の道理を学んでいる。それなら、いっそのこと、坊主にでもなって、みんなを見返してやるか！）

「どうだ！」

小石は、目を大きく見開いた。

「どうして、ぼくの本心を見抜いたんですか」

「それぐらい、わかるさ。何をかくそう、おれだって、長いこと大企業に勤めているが、もう厄年も過ぎた。

今となっては、出世どころか、先が見えている。いうなれば同病相憐れむってやつだよ」

「これこれ、二人とも、いいかげんにせんか！」

和尚の声が高くなった。

「大石くんも、小石くんも、坊主にでもとは何事だ。

〝坊主にでもなるか〟なんていってるようでは、菩薩にも羅漢《らかん》にもなれないな。

坊主のほうでも、選ぶ権利があるんだぞ。坊主のほうから〝もうけっこうです〟って断られるね、大石くん」

「はい！」

さきほど失言した大石くんは、少し堅くなっている。

「きみは、さっき、出世ということばを使ったね」

「はい」

「きみたちは、この俗世間で、社会的に偉くなることを出世といっているが、それは違う……」

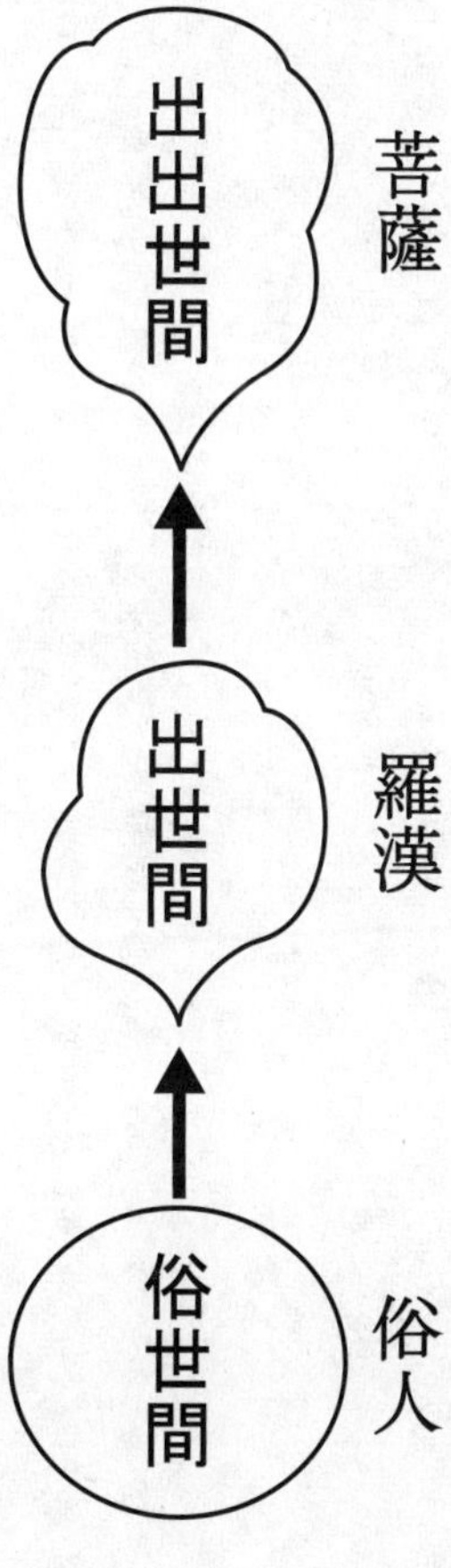

……羅漢になるために、この世における地位も名誉も財産も家庭も、みんな捨てて、世間から出ることを〈出世間《しゅっせけん》〉（略して出世）という。

「へぇー、そうですか。それじゃあ、おれたちはまるっきり勘違いしてたんですね」

「そのようだね。この前の話で、修行僧を尺取り虫にたとえたことを覚えているかい」

「はい、釣り竿の先まで行った尺取り虫は、せっかく悟りの世界まで行ったのに、また、迷いの世界に戻ってゆくんですね」

「そう、菩薩になって、まだ迷っている人を救うためにね。こうして、羅漢の出世から、もう一度抜け出た菩薩の世界を〈出出世間《しゅつしゅっせけん》〉という」

「うーむ、そうか。坊さんになることが、ほんとうの出世なんだ」

じっと聞いていた小石くんは、頭を深く下げて、考えこんでしまった。

「小石くん、かんたんに坊さんになれないことがわかったろう」

「ええ、よほど気持ちをしっかりしないと、とても菩薩になんて、およびもつきませんね」

「そのとおりだ。前回は〝菩薩は般若波羅蜜多《はんにゃはらみた》に依るが故に〟の話だったかな」

「そうでした」

「では、今日の般若心経に入ろう。小石くん、読み下してごらん」

「え、ぼくがですか。えーっと、〝心無ければ罣礙《むげ》、無ければ罣礙の故に〟

うーん、こりゃだめだ！」

すかさず、大石くんの助太刀が入る。

「自分から、だめだ、なんていうやつがあるか。よし。おれが読んでやろう。

〝心に罣礙無し。罣礙無しが故に〟だ。

和尚、そうですよね」

「そのとおり。ついでに意味をたのむ」

「はい、わかりました、といいたいんですが、まず、罣礙という漢字がひっかかって、わかりません」

「ああ、そういう意味だよ」

「……？」

「罣礙とは、そういう意味なのさ」

「和尚、どういうことですか？」

小石くんまでが、小首をかしげる。

「大石くんは、さきほど罣礙の意味をいったじゃないか。罣礙という漢字が、ひっかかるって」

「えっ？」

「罣という字も、礙という字も、ひっかかること、障り、こだわり、さまたげる、執着するという意味なんだよ」

「あっ！　そうだったんですか。じゃあ、おれは何も知らずに正解をいってたんですね。ああ、驚いた」

「驚いたのは、こっちのほうだよ。しかし、大石くん、考えてみると、人間の心って不思議だねえ。この、ひっかかるというのは、何がひっかかるか、わかるかい」

「さあ？」

「感情だよ。感情のおかげで、いろいろな問題が起こる。

どんなに学問や教養がある人でも、感情のひっかかりは、電流にたとえてみると、タングステンやニクロム線のようなものかな。

電流がそこまで流れてくると、電気抵抗という感情にひっかかって、強烈に光ったり、熱くなったりする」

「なるほど。でも、その感情は、どこから来るんでしょうねえ」

「欲だよ、欲！」

「えっ？　欲ですって」

「そう。前に話したでしょう。人間には、食欲・性欲・睡眠欲という本能欲の他に、財欲・名誉欲という欲があるって」

「はい、そういう五欲のことは知っていましたが、それが感情の原因になるとは……」

「知らなかったかい。欲という感情は、それがかなえられたら、喜びや楽しみになるが、かなえられなかったら、怒りや悲しみに変わる。

罣礙ということばは、ひっかかることだが、別ない方をすると、こだわること、執着することともいえる……」

……執着すると、こんどはそれが、えこひいきになる。

自分や身内へのえこひいきが、いつのまにか優越感や劣等感となって表れ、日常生活の中でも、区別したがるようになる……

「小石くん。客船に乗ったことがあるかい」

「ええ、あります」

「船室の等級の差は、大きいだろう」

「そうです。びっくりしました。一等や特等は個室で、海上が見渡せますが、二等、三等は雑居寝で、窓の外は海中です」

「そうだろう。かつて大西洋横断をしていた定期船、クイーンエリザベス二世号の客室は、五十万円から五百万円まで、細かく等級があったらしいよ」

「和尚さんは古いですね。クイーンエリザベスだって」

「和尚、それはホテルも病院も、みんな同じですよ」

「そうか。それは、人間は自分の欲を満足させるために、自分をえこひいきする。そうしないためには、どうするかだ。大石くんならどうする？」

「えっ、そりゃ難問です」

「ちっとも難問じゃない。ヒントをあげよう。この前、一休さんが庄屋さんの家に泊まったとき、染筆をせがまれたことがあったね」

「ええ、菩薩の心がけでした」

「その心がけの反対を書いてみなさい」

「はい、やってみます。小石よ、そこのマジックをとってくれ」

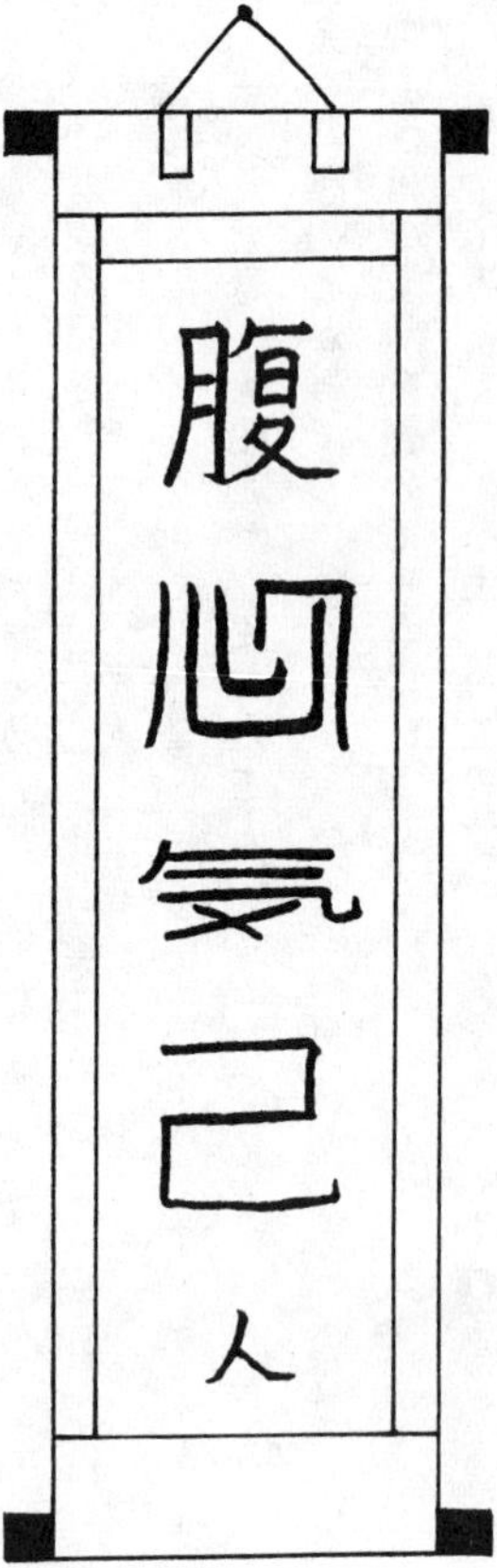

「大石さん、これ、なんて読むんですか」

「まず〝腹が立つ〟だ。それから〝心は四角〟。いや、〝心に角が立つ〟かな。そのつぎが〝気は短く〟、つぎが〝己大きく〟、最後が〝人は小さく〟だ」

「和尚、これならできます。これはまったく、ぼくの心そのものです」

「だから、これは菩薩でなく、俗人の心がけといってるじゃないか」

「あっ、そうか」

「いくら菩薩になろうと思っても、おれたちの心の中にある、太いタングステンやニクロム線にひっかかって、すぐカッカしてくるんだ。和尚、何か方法はあるんでしょうねえ」

「大石くん、よく気がついた。この前、マザーテレサ菩薩のようになるには、慈悲、喜捨という覚悟がいるといったね」

「はい。覚えています」

「菩薩は、心にひっかかりがない。執着心がないというが、そのためには、〈四重禁戒《しじゅうきんかい》〉といってな。四つの戒めを守れ、と、お釈迦さまはいっている……」

一つは、殺生をしない。

二つは、人のものを盗まない。

「あのー、それはどういうことでしょう。ぼくは人殺しも泥棒もしませんが」

「あのね、小石くん。殺生をしないことは、ものの生命を大事にすること。盗まないことは、自分が持っているもので、満足することだよ。つぎ……」

三つは、不倫をしない。

四つは、うそをつかない。

「〃うちのバラより隣のバラのほうがきれい〃というが、それは、えこひいきの感情があるからだよ。

いちばんいいことは、すなおになることだ。いつも和尚が、いってるでしょ。——空のように広い心と、海のような深い心と、ダイヤのような固い決意で、宇宙を照らす光のように、すべての人の利益のために修行する、って——

そのためには、いつも戒めを守ろうと心がけていると、いつのまにか、ひっかかり、こだわりがなくなって、仏の智慧が身についてくる」

「うーん。やっぱり菩薩になりたいけど、これも、ひっかかりかな」

無《む》有《う》恐《く》怖《ふ》 遠《おん》離《り》一《いっ》切《さい》 顚《てん》倒《どう》夢《む》想《そう》 の巻

「和尚」

小石くんが、勢いよく話し出した。

「なんかな」

「このまえ〈心無罣礙《しんむけげ》〉は、心にこだわりがない、と教わりました」

「うん、そうだったな」

「ぼくは、こう思うんです。弘法大師が、自分の名前を空海とつけた。それはきっと、空のように広い心と、海のように深い心、つまり、こだわりのない心が持てるように、と願って、つけたのだと」

「いいことというねえ。和尚も、そうだと思うよ。ちょうどいいタイミングだ。

そこから今日の般若心経が始まる。さあ、小石くん、読み下してごらん」

「あれっ、やぶへびだったか。自信はないけど読んでみます。

〝恐怖を遠く離し、一切は顛倒《てんどう》し夢想する〟。えぇーっと、無有《むう》がわかりません」

じれったそうにしている大石くんは、和尚にうながされて、水を得た魚のように、いい出した。

「小石よ。この文は、〝心に罣礙無ければ〟から続けて読むといい。〝心に罣礙無ければ、恐怖有ること無し。一切の転倒夢想から遠く離れる〟だ。ところで和尚。今回は、恐怖とか、転倒とか、夢想など、現代語ばかりで、おもしろそうですね」

「そうかね。わかりやすいなら、大石くん、解説してください」

「おれこそ、やぶへびだよ。えーっと、まずは、〝どんなことにもこだわらない心でいれば、恐怖がない。つまり恐ろしいこともないんですよね。それから、こだわらない落ち着いた心でいれば、つまずいて転倒することもない。

つぎに、こだわらない心でいれば、どんなに遠く離れていても大丈夫。ちっとも淋しくないから、ホームシックになって夢で想ったりなんかしないのだ〟という解釈です」

と、胸を張る。

「なるほど。大石くんの話は、たしかに、ちゃんと筋は通っている。だけど、和尚は、こう思うね……」

……人は、だれでも恐怖心を持っている。

とくに赤ちゃんは、大きな音と、高い所から落ちることを、極端に怖がるが、大人になると、一番恐ろしいことは死ぬことである。

死の恐怖といっても、ほんとうのところは、死んだ先のことが不安で恐ろしいのだ。

「小石くん、阿弥陀さまや観音さまが、手の平を外に向けて五指をのばし、右手のひじから上に立てているのを見たことがあるだろう」

「はい。そんな風にしている仏さまは、何度も見たことがあります。あれは、なにか宣誓しているんでしょうか」

「とんでもない。大統領の就任式じゃあるまいし、仏さまがそんなことするかね。あの形は、施無畏印《せむいいん》といってな。恐怖心をなくす印《しるし》じゃよ。

いや、待てよ。もしかして、小石くんのいうように、あれは仏さまが、願い事をした人に、〝怖がらなくてもいいよ。きっと恐怖心を取り除いてあげるからね！〟と、宣誓しているのかもしれないねえ。昔から、こんな習わしがある……」

……昔は、どんな身分の高い人たちでも、病院で息を引きとるということはなかった。

病人に臨終の時がせまると、家族は仏師に、阿弥陀《あみだ》さまの像を彫らせて、僧に入魂してもらう。

それを枕元から、九十センチほど離れたところにまつる。

つぎに施無畏印をした阿弥陀さまの人差し指に、五色の糸の端を結びつけ、もう一方の端を、病人の人差し指に結んであげる。

こうすると病人は、阿弥陀さまに手を引かれて極楽浄土に連れて行ってもらえる、と安心するのである……

「ははあ、わかりました」

大石くんが、身を乗り出してきた。

「阿弥陀如来に手を引かれ、極楽浄土に導かれる。つまり〈引導を渡す〉ということばは、きっとここから出たんでしょうね」

「大石さん、さえてますねえ」

と、小石くんが拍手する。大石くんは急いで、その手を押さえた。

「やめとけ。〝人は褒めると、思い上がる〟というのが、和尚の口癖なんだから」

「ハハ、先手をとったね。そのとおり。人間の気持ちというものは、ほんの五、六回も自分の思いどおりに事が運んだら、もう思い上がって、善悪の見境がつかなくなるんだな。これを〈顛倒夢想〉という」

「それ見ろ。やっぱりおれの解釈と違ってたよ」

「いや、違っていないぞ大石くん。気持ちが転倒して考え方がひっくり返っているから、自分が夢の中にいることがわからないだけだ。

空海さんは、自著の般若心経解説書の中で、顛倒夢想の人のことを、こう表現している……」


……いつまでも迷いの闇路に眠っている者は、かえって目覚めている者をあざ笑っているが、なんとあわれなことよ！

また煩悩《ぼんのう》という酒に酔いしれている者は、かえって酔っていない者を、あざ笑っているが、なんといたましいことよ！……

「和尚。ちょっと質問、いいですか？」

「はい、いいですよ」

「般若心経には、顚倒と書いてありますが、大石さんは、転倒といいました。顚と転とは、どう違うんでしょう」

「ああ、顚は、てっぺんのことだ。顚倒すると、てっぺんが倒れるから、転んで倒れる。転倒とは同じことさ。しかし世の中は、顚倒した生活をしている人が実に多い……」

……国民の税金を自分のお金と思っている政治家や官僚。子どもにペコペコしている親。生徒の顔色をうかがっている先生など、数え上げればきりがない。

「いちばん恐ろしいことは、顚倒夢想に慣れてしまうことだよ。

このことを空海さんは、迷いの闇路に眠りすぎた者といっている。

アメリカの心理学者、ストラットンが、あるとき、こんな実験をした……」

……眼鏡屋に、天地左右がさかさまに見える眼鏡を作らせて、それをかけたままで八日間暮らしてみた。

最初の一日、二日は怖くて一歩も歩けなかったが、数日たつと慣れてしまった。

九日目に眼鏡を外したとき、こんどは正常な生活が怖くて、一歩も歩くことができなかった。

「昔から、こんな話がある……」

……冬の早朝、表へ出てみると、道路の水たまりに、一万円札が落ちていた。

〝これは、早起きしたおかげだ！〟

と、拾い上げようとしたが、お札の上に氷がはっているので、くっついてとれない。

はがそうとしているうちに、向こうから人がやってくる。あせったあげく、

〝えいっ、ままよ！〟

と、おしっこをかけたとたんに目が覚めた。

「ハハ、そりゃけっさくだ。和尚、この顚倒夢想から遠く離れて、早く悟りの世界に行きなさい、というのが、お釈迦さまの教えでしょうか」

「そのとおりだ。悟りの世界のことを〈**常**《じょう》**・楽**《らく》**・我**《が》**・浄**《じょう》〉といってな。それは……」

……常に永遠の大生命の中に安住しているから、そこに楽しみが湧く。それがほんとうの我というものの本体であり、そこは浄らかな平和の境地である。

ところが、われわれ凡人は、常楽我浄を顚倒して、こう考える。

一、常顚倒——他人が病気や事故で死んでも、自分だけは百二十歳まで生きているぞ！

二、無常顚倒——この世は無常で、すべてのものは、やがて滅びる。それならいっそのこと自殺でもしようか！

三、楽顚倒——〝この世は楽しまなければ損だ〟と、酒を楽しみ、女を楽しみ、旅行を楽しみ、ゲームを楽しみ、金儲けを楽しもう！

四、苦顚倒——こんなに苦しむのは、やはり自分の欲望が原因なんだ。おれは一生、修行僧となって禁欲するぞ！

五、我顚倒——すべては、おれがいるから、うまくいっているんだよ。みんな、おれのおかげだぞ！

六、無我顚倒——この世の中に、何一つとして自分のものはないんですね。自分さえ、自分のものではない。いったい、ぼくの生きがいって何だろう？

七、浄顚倒——世界中の、どんな美しい女性でも、つやつやした肌の下には真っ赤な血膿が渦巻き、なだらかな下腹の中には、臭い糞がいっぱいつまっているぞ！

八、不浄顚倒——この世には、美しいものなんて何一つない。すべて一皮むけば、汚いものばかり。人の心も、ほんとうは、みんな汚いやつばかりだ！

「なるほどなあ！　顚倒と一口にいっても、こんなにあるとは知らなかった。夢の中で一万円札を見つけ、それを拾うために氷を溶かそうとして、おしっこをしたのが、本物のおねしょだったように、目が覚めてみると、後悔するのにねえ」

「和尚、顚倒夢想から遠く離れて、道理にもとづいた生活をしていれば、たとえ寿命が尽きても阿弥陀さまが極楽へ引っぱって行ってくれるのに、悪いことをしたやつは、死んだらどうなるんでしょう」

「そりゃわかっているさ小石くん。阿弥陀さまのかわりに地獄の鬼が、五本の鎖を手足と首に巻きつけて、引きずって行ってくれるよ。なんならきみも試してみるかい？」

「ひえーっ！　とんでもない」

究竟涅槃《くぎようねはん》　三世諸仏《さんぜしょぶつ》　依般若波羅蜜多故《えはんにゃはらみたこ》の巻

「質問があります！」

のっけから小石くんの右手が上がる。

「あのー。和尚は、生前に顚倒夢想《てんどうむそう》して、悪いことをしたやつは、地獄の鬼に鎖で引きずって行かれる、といわれましたけど、ほんとに、あの世には天国と地獄があるのでしょうか？」

と、おそるおそる切り出した。

「あるとも。和尚は信じていますよ。そんなに疑うのなら、死んでみるのが一番だがな」

「いやですよ！　とんでもない。意地悪だなあ、和尚」

両手を広げて前に突き出し、おおげさに揺さぶった小石くんは、

「正直な話、ぼくは死んだら極楽へ行きたいんですよ。どうやったら、極楽行きが保証されますか？」

と、真顔で訊く。

「なんだか生命保険の勧誘みたいだな。その答えは、今日の話の中に出てくるよ。さあ！」

和尚は、大石くんの方へ膝を向けた。

「はい、わかりました。読み下しですね。〝究竟《くぎょう》のところ涅槃《ねはん》にいる三世《さんぜ》の諸《しょ》仏《ぶっ》は、般若波羅蜜多《はんにゃはらみた》に依るが故に〟と読みましたが、究竟というのは、究極のことでしょうか」

「そう。究竟は、最後に行きつくところだ。人はだれでも生まれたら……最後に行きつくところは？　小石くん」

「はい。人間は生まれたら、必ず死にます。あ、そうか。最後に行きつく処……それが涅槃なんですね」

「和尚」

「なんかな大石くん」

「亡くなった人のことを、ホトケといいますね」

「うむ」

「涅槃というのは、悟りの世界のことでしょ。つまり極楽のことですよね。でも、だれでも死んだら、涅槃という仏の世界に入れるわけじゃない、と思いますよ」

「大石くん、高いビルの屋上の隅に立ったとき、飛び降りたい！　という衝動にかられたことはないかい？」

「あ。あります」

「小石くん、駅のホームに電車が入ってきたとき、ホームの先端に立つと、飛び込みたい！　と、思ったことは？」

「あります。あります」

二人とも、目を見合わせて、うなずいた。

「それを〈死魔《しま》に魅入られる、死神《しにがみ》がとりつく〉といってな、その危機を乗り越えて、安らかな精神をとり戻した人が極楽、つまり、涅槃へ行けるのさ」

「それじゃあ和尚。その涅槃にいる三世諸仏というのは、どんなホトケさまですか」

「お、小石くん、いい質問をするねえ。まず三世とは、何だと思う？」

「えぇーっと。よく、ハワイやブラジルへ移民した人たちの子孫のことを二世、三世といいますね、大石さん」

と、助けを求める。

「それはちょっと違うぞ。おれは、過去世《かこせ》という過去のあの世と、現在世《げんざいせ》という現在のこの世と、未来世《みらいせ》という未来のあの世で、三世というのだと思うな」

「ふーん。ところで和尚。ぼくの家では、法事のたびに、おばあちゃんが、十三仏さんの掛軸を、大事そうに取り出して、お位牌の後ろに掛けて、手を合わせていたのを思い出します。あの十三仏さんて、いったい、何ですか？」

「ほう。きみのおばあちゃんは信心深いお人だ。十三仏は、詳しくは〈十方三《じっぽうさん》

十 三 仏

世《ぜ》の諸仏〉という。

さて、十方とは、どんな方角かな?

「えーと、まず東・南・西・北と東南・南西・西北・北東の八方と……。あと二方は何だっけ……」

「上と下だよ」

「ああ、そうだ。ありがとう大石さん。これで十方ですね」

「そう。十方は宇宙空間のひろがりで、三世は時間のつながりだな。この宇宙のどんな処にも、どんな時にも、たくさんの仏さまがおられるが、その代表的な仏さまが十三仏さ」

「その十三仏さんを、どうして法事にお祀りするんですか。

もしかして、何回忌には、どの仏さまって決まってるんでしょうか」

「小石くんは、なかなか鋭いことをいうねえ。それじゃあ、年忌を追って話そう……」

……まず、人が亡くなった日から初七日《しょなのか》までは〈お不動さま（不動明王《ふどうみょうおう》）〉を、お祀りする。

お通夜のとき、棺《ひつぎ》の上に刀を置く。刀は不動明王の剣を表し、地獄からの使者を、お不動さんの力で追い払うのである。

「なるほど。棺の上の刀は、そういう意味だったんですか」

つぎ、二七日《ふたなのか》（十四日目）までは〈お釈迦さま（釈迦如来《しゃかにょらい》）〉をお祀りする。

つぎ、三七日《みなのか》（二十一日目）までは〈文殊さま（文殊菩薩《もんじゅぼさつ》）〉をお祀りする。

つぎ、四七日《よなのか》（二十八日目）までは〈普賢さま（普賢菩薩《ふげんぼさつ》）〉をお祀りする。

「このお釈迦さまと、文殊さま、普賢さまを〈釈迦三尊〉といってな、過去世を守ってくれる仏さまだよ」

「あ、奈良の法隆寺で見ました」

「それは国宝だよ。さあ、つぎは……」

……つぎ、五七日《いつなのか》（三十五日目）までは〈お地蔵さま（地蔵菩薩《じぞうぼさつ》）〉をお祀りする。

つぎ、六七日《むなのか》（四十二日目）までは〈弥勒さま（弥勒菩薩《みろくぼさつ》）〉をお祀りする。

つぎ、七七日《しちしちにち》（四十九日目）までは〈お薬師さま（薬師如来《やくしにょらい》）〉をお祀りする。

「このお地蔵さまと、弥勒さまと、お薬師さまは、現世利益《げんぜりやく》の仏さまでな。小石くん、健康や家内安全や、商売繁盛をお願いする仏さまだよ」

「では、さっそく！」

「気の早いやつだな。まあ待て待て。この四十九日で、亡き人は、冥土への旅に出るという。さて、つぎは……」

……つぎ、百カ日までは〈観音さま（観世音菩薩《かんぜおんぼさつ》）〉を、お祀りする。

つぎ、一周忌までは〈勢至さま（勢至菩薩《せいしぼさつ》）〉を、お祀りする。

つぎ、三回忌までは〈阿弥陀さま（阿弥陀如来《あみだにょらい》）〉を、お祀りする。

「この観音さまと、勢至さまと、阿弥陀さまを、阿弥陀三尊《あみださんぞん》といってな、未来、つまり冥土の旅を守ってくれる仏さまだよ」

「和尚。ぼくは去年、京都の三千院で、金色に輝く等身大の阿弥陀三尊を観ました。それはそれは見事でした」

「大石くんも見たかい。あれは最も有名な阿弥陀さんだ。さあ、つぎは……」

……つぎ、七回忌までは〈阿閦さま（阿閦如来《あしゅくにょらい》）〉を、お祀りする。

つぎ、十三回忌までは〈大日さま（大日如来《だいにちにょらい》）〉を、お祀りする。

つぎ、三十三回忌までは〈虚空蔵さま（虚空蔵菩薩《こくうぞうぼさつ》）〉を、お祀りする。

「小石くん。あの世へ行くと、こうして十三仏さまをめぐるのに、三十三年かかるんだよ」

「それから、どうなるんでしょう」

「それからは宇宙の祖霊となって、霊界を永遠にめぐり続けるのさ。それが究竟だな」

「しかし和尚」

と、大石くんは、右手の人差し指と親指で、あごをつまみながら口を開いた。

「いまお聞きした十三仏さまも、般若波羅蜜多の修行をしてきたから、究竟は、涅槃に入ることができたんでしょう？」

「考えてみると、波羅蜜多行という修行には、いろいろな種類があるんですね」

「そうだ」

「よく気がついた。波羅蜜多行の一つに〈四摂事《ししょうじ》〉といってな、わかりやすくいえば、つまりは日頃の行動基準だな」

「えーっ！　仏さまにも行動基準なんてあるんですか。それじゃ、われわれサラリーマンと同じじゃないですか」

「サラリーマンだって、仏さまになれるんだぞ。その行動基準は……」

……一つは、〝施しのすすめ〟

「なんだ。そんな簡単なことですか」

「小石くん、きみが欲しいものを、人にあげられるかい？」

「いや……」

「それみろ、そんな簡単ではないぞ」

……二つは、〝やさしいことばのすすめ〟

「和尚。もういいません」

「ハハ、難しいねえ」

……三つは、〝相手の利益になることのすすめ〟

「これも難しい」

……四つは、〝相手と同じ目線になることのすすめ〟

「うん、これならできるかもしれません」

「そうかい。それじゃあ、いま和尚と同じ目線になれるかもしれないが、家へ帰ったら、奥さんと同じ目線になれるかな？」

「うーん、それはちょっと……」

「小石よ、うるさいぞ！」

大石くんは、小石くんの肩をついて黙らせて、ため息をついた。

「なるほどねえ。お釈迦さまでも、阿弥陀さまでも、お地蔵さまでも、お薬師さまでも、みんな、ご自分の四摂事を作って、修行してきたんですねえ。

和尚のお話で、お釈迦さまは、人間の過去世に功徳を与えてくださる仏さま。

お地蔵さまと、お薬師さまは、人間に現世利益を与えてくださる仏さま。だから、子どものことはお地蔵さまにお願いし、病気のことはお薬師さまに願《がん》をかけるんですね。

とくに阿弥陀さまは、人間の未来世、つまり、あの世を救済してくださる仏さま、ということがよくわかりました。

けれども弥勒菩薩という仏さまは、あまり聞きなれないお名前です。いったい、どんな仏さまですか？」

「弥勒さまはな。お釈迦さまが亡くなってから、五十六億七千万年後に、この世に生まれてきて、人びとを救済してくれる仏さまだよ。

その弥勒さまの四摂事は〈五明《ごみょう》〉といって、

一つは、いつも心を明るく。

二つは、どんな人の話も興味深く聴く。

三つは、相手にわかるように話す。

四つは、世のためになる学問、技術、芸術を一つでも行う。

五つは、人びとに正しい医療を伝える。

こんな修行を宇宙のかなたで、その時が来るまで続けておられる」

ふたたび、小石くんの手が上がった。

「でも和尚さん。修行って、いつまでするんですか?」

「時計は寿命が尽きるまで、時を刻み続ける。きみも、時計を見習わないと、極楽へ行けないよ」

「和尚! 小石の時計は、よく故障するんです」

得《とく》阿《あ》耨《のく》多《た》羅《ら》三《さん》藐《みゃく》三《さん》菩《ぼ》提《だい》　故《こ》知《ち》
般《はん》若《にゃ》波《は》羅《ら》蜜《み》多《た》の巻

「小石くん、なんだか嬉しそうだね」

「はい、エへへ」

机の上に広げた般若心経の経本を、指さした小石くん。

「ちかごろは、どこへ行っても、損をしたとか、儲からないとか、不景気な話ばかりです。

ところが和尚、今日は最初から、得という字です。もう、なにか得をしたような気分です」

「小石よ、おまえは単純だな。損したとか、得したとか、般若心経に、商売の話なんか出てくるもんか」

大石くんが、軽蔑したようにいう。

「いや、そうともいえないぞ。得とあるからには、何かを得たにちがいない。大石くん、さっそくだが、読み下してごらん」

「はい。阿耨多羅三藐三菩提《あのくたらさんみゃくさんぼだい》を得る。般若波羅蜜多《はんにゃはらみた》を知る故に、と読みました」

「そーれ！　やっぱり得たんですね。和尚。そのアノクタラサンミャクサンボダイってやつは、何ですか？」

「これこれ。やつっていうやつがあるか。大石くん、この話は前回の話から、こういう風に続いているんだよ……」

……究竟《くぎょう》のところ、涅槃《ねはん》にいる三世諸仏《さんぜしょぶつ》は、般若波羅蜜多に依るが故に、アノクタラサンミャクサンボダイを得る。般若波羅蜜多を知る故に……

「そして、アノクタラサンミャクサンボダイというのは、〈この上もない最高の悟り〉ということさ」

「なるほど。小石のいうように、最高の悟りを得て、得をしたんですね」

「あのー、和尚」

「なんかな小石くん」

「菩提って、悟りのことでしたね」

「そのとおり」

「悟りって、いくつもあるんですか」

「一つだよ」

「でも、三菩提って書いてありますと、三つの悟りと思ってしまいます」

大石くんは、びっくりした顔で、小石くんを見る。

「おっ、鋭いことをいうね。おれは気がつかなかったよ」

「小石くん。きみは、富士山に登ったことがあるかい」

「いえ、いっぺん頂上まで登ってみたいと思っていますが、まだです。だけど、どうして？」

「突然、富士山の話と思うだろうが、小石くん。富士山の頂上はいくつかな？」

「えっ！　頂上？　もちろん一つですよ」

　小石くんは、

（和尚は狂ったか！）

　と、いいたげなまなざしだが、和尚は知らん顔で、平然と話を続ける。

「和尚も、五合目までは行ったことはあるが、まだ頂上までは縁がない。聞くところによると、富士登山には三つのルートがあるそうだ」

「和尚。そのルート知ってます」

　と、大石くんの手が上がる。

「一つは浅間神社から登る表口登山道。一つは裏側の富士吉田市から登る吉田口登山道。もう一つは側面から登る御殿場口登山道です」

「おお、よく知ってるね、ありがとう。

昔、富士山へ登るときは、お遍路さんのような白装束を着て、金剛杖をつき、

〝六根清浄《ろっこんしょうじょう》〟と、唱えながら歩いたそうだ。和尚も一度、そうやって登ってみたい、と思っている。大石くん、和尚の足が達者なうちに、案内しておくれよ。

ところで、富士山頂上へは、三つのうち、どのルートを登っても頂上に着く。富士山の頂上を悟りの境地にたとえれば、三菩提というのは、悟りという頂上に登る三つのルートなんだよ。さあ、そのルートとは？　小石くん」

「さあ、それは……」

声が小さくなった小石くんは、そっと、大石くんの方を見る。大石くんも腕を組んだまま。

「ヒントをあげようか。いろいろな方法で、悟りを開いた人のことを羅漢《らかん》さんといったね」

「あっ！　思い出した」

「大きな声だな、小石くん。びっくりするじゃないか」

「すみません。和尚、わかりました。一つは、お釈迦さまの説法を聴いて、悟りを開いた羅漢さん。もう一つは、自分一人で瞑想にふけって、悟りを開いた羅漢さんです」

「では、もう一つのルートは？」

「あっ、そうか。そいつを忘れていました」

「和尚、もしかして」

と、大石くんが腕組みをほどきながら、座り直した。

「もう一つのルートは、三世の諸仏が修行を重ねて、涅槃に入った、という、その悟りじゃないでしょうか」

「よくできたよ」

和尚は、自分のひざを打った。ポンという音がした。

「朝早く、蓮の花が開くときは、〝ポン〟と音がするそうだ。一般に、蓮の花とナスビの花は、万に一つも無駄がない、といってな、みんな実になるという。人間も〝この上もない最高の悟り〟を開く知恵は、だれでも持っているんだな」

「なんですって！　ほんとうですか、和尚？」

「ほんとうだとも。では二人に訊くよ。きみたちは、朝、目が覚めたら、三秒間、何を考える？」

「何も考えません」

二人は同時に答えた。

「悟ることを、覚るとも書く。きみたちは目が覚めて、三秒間は悟っているんだよ。

ところが五秒も経つと、たちまち〝お腹がすいた〟とか〝今日の仕事〟とか〝お金がほしい〟とか世俗のことを考える。そして苦しくなる。ちょっと、悟りという字を見てごらん……」

……悟りという字を分解すれば、心偏に吾と書く。吾は五つの口と書く。

「ほんとだ。いままで気がつかなかった。和尚、五つの口ってなんですか？」

「小石くんの体についている眼・耳・鼻・舌・身という感覚器官の窓口、つまり穴だよ。その穴は、こういう役目をする……」

……眼の穴は、世間の形や色を心に運び、耳の穴は声や音を心に運ぶ。鼻は世間の匂いを運び、舌は味を運び、皮膚は肌ざわりを心に運ぶ。

そして心は、運ばれてきたさまざまな情報を自分に都合のいいように解釈して、泣いたり笑ったり、怒ったり悲しんだりする……

「人間は、眼の穴で見たものが欲しくなったり、自分の悪口を耳の穴で聴くと腹を立てる。鼻の穴で嗅いだ匂いで食欲がわき、うまい味を味わうと嬉しくなる。皮膚の穴を嫌いな人に触られると、ぞっとする。

この五つの穴は、いってみれば煩悩という障害物だな。この煩悩という曲者が人間の苦を生むんじゃよ」

「そういえば、ぼくらは穴で苦労をしています。穴は英語でホールですよね。このあいだも、ゴルフで十八ホールに入れるのに苦しみました」

「大石さんは、ゴルフで苦労しましたか。ぼくは、パチンコで、ホールに入らなくって大損しました」

「ハハ、小石くんは、お遍路さんを知ってるかい？」

「ええ。ときどきテレビで、四国八十八カ所遍路めぐりをやっています」

「あの、お遍路さんがかぶっている笠を、遍路笠《へんろがさ》という」

「ええ、すげ笠でしょ。あれ、かっこいいですね」

「あの笠には、こう書いてある……」

……迷うが故に三界に城あり

悟るが故に十方は空なり

本来、東西なければ

いずこにか南北あらん……

「さっぱりわかりません。どういう意味ですか？」

「それは……」

……心に煩悩という迷いがある間は、三界といって、欲界・色界・無色界という、どんな精神世界に住んでも、心の中に城壁を築いているようなものだ。

ところが、いったん悟ったならば、何にも執着するものがないので、障害物にひっかからない。

目の前は、四方八方と上下の十方が開けて、どこでも自由に見通せる。もともと東西という方角にこだわらなければ、南北という方角にだってこだわることがない……


「と、いう意味さ」

「ふーむ。遍路笠は、そういうことだったのか。とすると、お遍路さんの白装束は、まるで〃あの世の旅〃ですね」

「そのとおりだよ。人が亡くなると、お棺に入れる前に、白い経帷子《きようかたびら》を着せるね。その白装束に身をかため、遍路笠をかぶって、死出の旅へ出る」

「その死出の旅とは、八十八カ所めぐりですか」

「そうだ」

「おお、怖い！」

「怖いものか。小石くんが怒ると、もっと怖いよ。その恐怖心も不安感も煩悩から起こる。八十八カ所めぐりは、それを捨てきる、悟りへの旅さ。この前、十三仏まいりの話をしたね」

「はい。あの世では、十三仏を回るのに、三十三年かかると聞きました」

「この世で、八十八カ所をめぐると、十三仏を回ったことになる」

「まさか！」

「ほんとだとも、八十八カ所の霊場は、四国の四県にまたがっている……」

……阿波（徳島県）には、二十三カ所の霊場がある。これを〈発心《ほっしん》の道場〉といい、これを回れば不動明王をお詣りしたことになる。

……土佐（高知県）には、十六カ所の霊場がある。これを〈修行の道場〉と

十三仏とお遍路さん

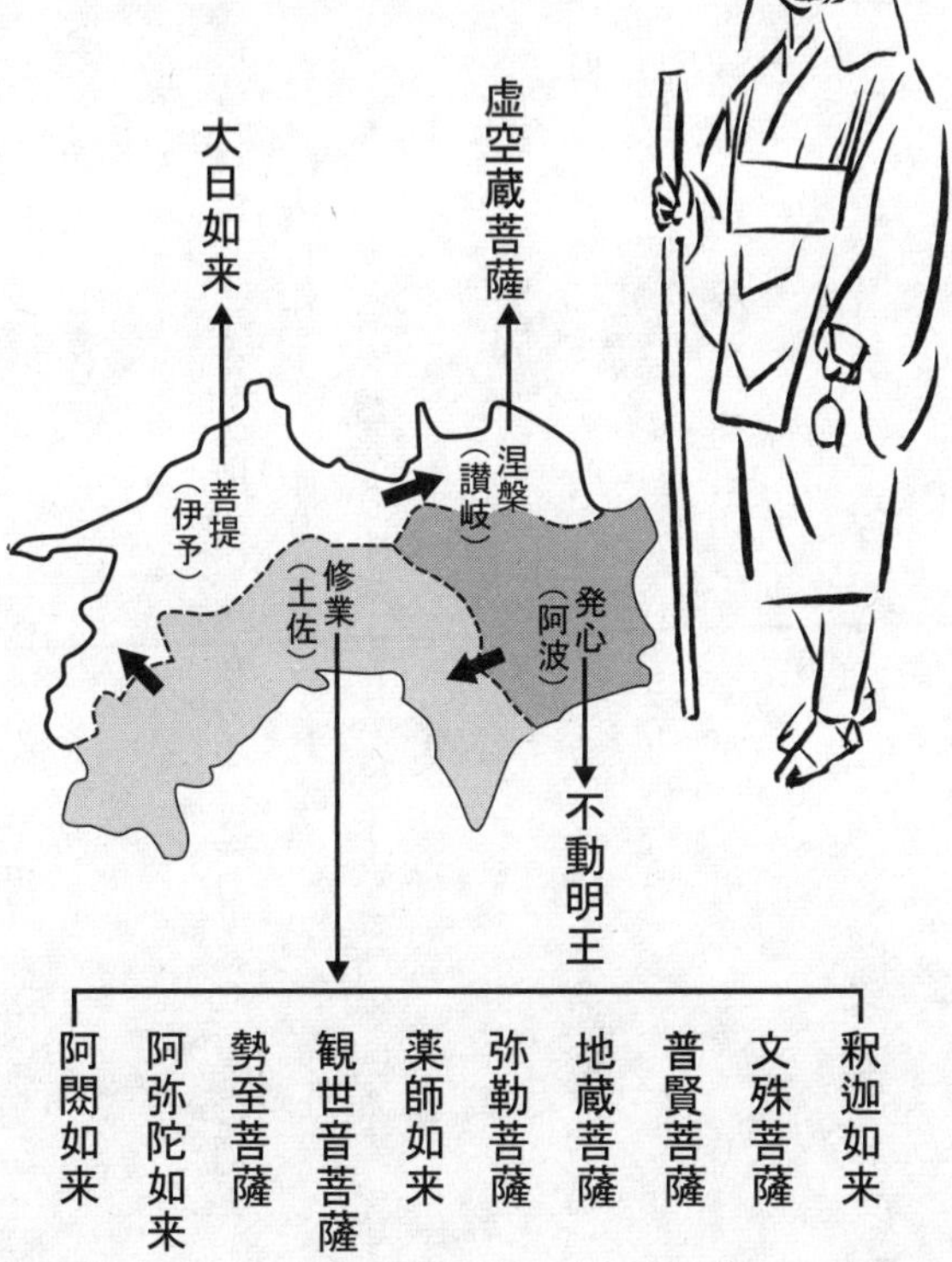
発心（阿波）
不動明王
修業（土佐）
菩提（伊予）
大日如来
涅槃（讃岐）
虚空蔵菩薩
釈迦如来
文殊菩薩
普賢菩薩
地蔵菩薩
弥勒菩薩
薬師如来
観世音菩薩
勢至菩薩
阿弥陀如来
阿閦如来

いい、これを回れば、釈迦《しゃか》・文殊《もんじゅ》・普賢《ふげん》・地蔵《じぞう》・弥勒《みろく》・薬師《やくし》・観音《かんのん》・勢至《せいし》・阿《あ》弥陀《みだ》・阿閦《あしゅく》の十仏をお詣りしたことになる。

「へぇー。それは便利だ」

……伊予（愛媛県）には、二十六カ所の霊場がある。これを〈菩提の道場〉といい、ここを回れば、大日如来《だいにちにょらい》をお詣りしたことになる。

「なんと、たった一人の仏さまをお詣りするのに、二十六カ所も回るんですか」

「うるさいぞ。あの世では、時間も数も関係ないの」

……讃岐（香川県）には、二十三カ所の霊場がある。これを〈涅槃の道場〉といい、ここを回れば、虚空蔵菩薩《こくうぞうぼさつ》をお詣りしたことになる。

「和尚。これだけ回るのに、歩いて何日かかりますか」

「まあ、二カ月だな」

「大石さん、三十三年かかるのが、一カ月ですよ。ぼくも、行ってこようかな」

「また、小石の話食いがはじまった。これは修行ですよね、和尚」

「そうだ。ただし、お遍路さんは回っている間に、守るべきことがある……」

……一つは、殺生をしないこと
　二つは、人のものを盗まないこと
　三つは、道にはずれたセックスをしないこと
　四つは、うそをつかないこと……

「あっ、それは前にもお聞きしました。たしか菩薩の戒めの、四重禁戒でしたっけ」

「おお、たいしたものだ。ところで実行は大丈夫かな?」

「うーん」

　と、心もとない小石くんに、和尚は、

「さあ、行ってこい！　ただし、サングラスをかけて、口にバンソウコウをは

り、耳栓をして、マスクをして、手袋をはいてなッ」

大石くんが、大きくうなずいて、

「ははあ、和尚。それは、五つの口をつつしんで、悟りの世界へ行ってこいということですね」

是《ぜ》大《だい》神《じん》呪《しゅ》　是《ぜ》大《だい》明《みょう》呪《しゅ》　是《ぜ》無《む》上《じょう》呪《しゅ》　是《ぜ》無《む》等《とう》等《どう》呪《しゅ》 の巻

「和尚。いいこと聞いちゃった。四国八十八カ所を回るお遍路さんが、あの世での十三仏詣りを表しているなんて、ちっとも知りませんでした」

左右に首を振りながら、小石くん。

「やっぱり、生きているうちに、お遍路さんに行っておけば、あの世での修行が楽になる、というわけですね」

「おまえが、お遍路さんに行こうかな、っていったのは、そういう、さもしい魂胆だったのか？」

たちまち、大石くんにやりこめられて、

「いえいえ、そんなつもりじゃありません。ところで和尚、今日の般若心経のことばは、なんだか薄気味悪いですねぇ」

雲行きがあやしくなったので、小石くんは、急いで話をそらす。

「どうしてかね」

「だって、こんな短い言葉の中に、呪《のろ》うっていう文字が、四回も出てくるんですよ。

呪うというのは、恨みをもって、憎いやつを呪い殺す、不吉な文句です。般若心経の中に、こんな陰険なことばを使うのはよくありません」

「おいおい、そんなことをいっちゃ、般若心経に申し訳ないよ。ここでは〈呪《じゅ》〉と読んで、〈まじない〉を意味する文句だ。大石くん、ちょっと読み下してごらん」

「はい。えーと、〈是《こ》れは大神呪《だいじんしゅ》なり、是れは大明呪《だいみょうしゅ》なり、是れは無上呪《むじょうしゅ》なり、是れは無等等呪《むとうどうしゅ》なり〉と読めます。

自分では〝呪は呪文かな〟と、わかったつもりでいたんですが、和尚は、いま、呪はまじない、といわれました。

そうなると、神呪や明呪が、また難しくなりました」

「大石くん、ちょっとうかがいますけど」

和尚の、ひょうきんな問いかけに、大石くんは噴き出した。

「はい、どうぞ！」

「是れは、というのは、何のことでしょうか？」

「たぶん、般若心経のことだと思います」

「そのとおりだ。そこで、小石くんのいうように〈般若心経は大神呪という呪文（まじないの文句）であり、大明呪という呪文であり、無上呪という呪文であり、無等等呪という呪文である〉、というわけだ」

「よかった！　やっぱり般若心経は呪文だったんだ」

大石くんは、両手で胸をなで下ろした。

「呪文のことを梵語《ぼんご》で〈陀羅尼《だらに》〉という。陀羅尼には、いろいろな意味がある。漢字では、呪文の他に、真言とも、持明《じみよう》とも、総持《そうじ》とも訳す。だから、弘法大師が開いた真言宗のことを〈陀羅尼宗〉ともいうのさ」

「へえー、ダラニ宗ですか。あっ、そういえば、高野山へ行ったとき、たしか持明院とか、総持院とかいう寺の名前がありました」

「横浜にも、総持寺という大きな寺がありますよ」

「おお、そうだ。だけど、たしか、あそこは禅宗だぞ。和尚、どう思います？」

「それは、禅宗も般若心経を唱えるからだよ」

「あのー、和尚。ダラニスケって薬を、知ってますか」

「おお、陀羅尼助は、昔から高野山で作っている胃腸薬でな。和尚も飲んだことがある。さて、四つの呪文の話にもどろう。

まず、大神呪というのは、偉大なる神のことばである。だから神仏のことばは、すべて陀羅尼だ。ダラニを唱えれば神さまは、苦を抜いて楽を与えてくれる、ということになっている。なぜなら神さまや仏さまは、ウソをいわない。みんな真実のことば、つまり真言だよ」

「和尚、ちょっと聞いていいですか」

「なんだい、小石くん」

「神さまと、仏さまと、どこが違うんですか」

これを聞いた大石くん、大声を出した。

「こらっ、つまらんことを聞くな！」

「じゃあ、大石さん、いってください」

「うっ……」

「このあいだ、娘の友人のイギリス人に訊かれて、ぼくは困りました。いままで考えたこともなかった。どう、答えたら、いいんでしょう」

「それには、こう答えてあげなさい。〝神さまは八百万《やおよろず》といわれるほど多いが、中でも代表的な神さまは、産土神《うぶすながみ》という。産土神は、その人の生まれた土地を守ってくれる大きな力。仏さまは、その人や、その人の家族を守ってくれる大きな力。だから家に神棚と仏壇を祀るんだ〟とね」

「なるほど、和尚の話は明快ですね」

「飛び入りの質問で、いまさら、お世辞をいってもダメ。ところで、般若心経はダラニという呪文だから、お寺だけでなく、神社にお詣りして般若心経をあげると、大いに功徳があるんだぞ」

「うーむ。そういえば高野山へ行ったとき、お寺の境内に鳥居があって、お宮があったのを、不思議に思いましたが……」

「そういうのを〈両部神道《りょうぶしんどう》〉といってな。昔は大きな寺の境内には、たいていお宮さんがお祀りしてあったものだよ。

だが、明治の神仏分離令で、神社と寺は別々にさせられてしまったのさ。

さて、おつぎの大明呪にいこうかな。大明呪というのは、大いに明らかな呪文ということだ」

「和尚。何が明らかなんですか？」

「小石くんは覚えているかい。その昔、お釈迦さまが、菩提樹《ぼだいじゅ》の下で、瞑想にふけり、十二月八日の夜明けに悟りを開いた、という話を」

「いいえ」

「ずっと前に話したでしょう。その悟りの内容は、人生を十二時間にたとえてみれば、両親という過去から現在の自分が生まれ、やがて自分に子どもができて未来につながってゆく、十二因縁という因果関係の話だよ」

「覚えてません」

「そんな汚職議員のような答弁をしちゃいけないよ。しかし、きみは、あのとき〝よくわかりました〟って、いってたよ。きっと、寺を出たとたんに、忘れたんでしょう」

「和尚！」

大石くんが、口をはさんだ。

「実は、おれも忘れていました。あんな大事な宇宙の法則を、忘れるなんて、おれも若ボケかな。

でも、不思議に、寺の石段を下りると忘れちゃうんだよな、小石！」

小石くんの肩をたたいて、

「このつぎまでに、二人とも覚えておこうな！」

といった。

「では、十二因縁は、二人にまかせたよ。次回には、説明してもらいましょう。二人とも、約束を破ると因果応報だぞ。

とにかく般若心経は、世の中の動きはすべて十二因縁という宇宙の秩序に基づいて、輪廻してゆくという、お釈迦さまの悟りを明確に説いてある呪文だから、大明呪というんだよ。

さて、おつぎは無上呪だ。これは文字どおり、〝般若心経というダラニは、この上もない呪文だ〟といっている。小石くん！」

「はい」

「もう一つ、お釈迦さまが悟ったことがあったね」

「えっ！　まだ、ありましたっけ」

「ほれ、人生は四苦八苦だって話」

「弱っちゃったな」

「弱っちゃうのは和尚だよ。いつか話したでしょう。〈お釈迦さまは、心のお医者さま〉です。

〝ぼく、ポンポン痛いんだって？〟

〝うん、痛いの〟

〝きのう、メロンいっぱい食べたの〟

〝早く、治りたい？〟

〝うん〟

〝じゃあ、このお薬をお飲み〟」

「あっ、思い出しました。〈苦集滅道《くじゅうめつどう》〉です」

「やれやれ、和尚のほうが苦しくなっちゃうよ。それで、どんな薬を飲むのだったかな？」

「うーむ」

「うーむ、という名の薬はないよ。それより、小石くんは、車の運転はできるね」

「もちろんです。二十年、無事故です」

胸を張って、声のトーンが上がった。

「きみは、何という車に乗っているの？」
「カローラです」
「その車には、いくつブレーキがついている？」
「フットブレーキとハンドブレーキの二つです」
「人間はだれでも〈欲〉という名の車に乗っている。その車は暴走する癖があるので、八つもブレーキがついている。それは心のブレーキだ……」
一つは正見《しょうけん》といって〈人や物を見るのに、えこひいきや差別をしないブレーキ〉
二つは正思惟《しょうしい》〈人のことを、うらやまない、ケチケチしない、すぐ怒らないブレーキ〉
三つは正語《しょうご》〈うそをついたり、人の悪口をいわないブレーキ〉
四つは正業《しょうごう》〈人の物を盗んだり、暴力をふるったり、人殺しをしないブレーキ〉

五つは正命《しょうみょう》〈トバクや麻薬にふけらないブレーキ〉
六つは正精進《しょうしょうじん》〈仕事や学校をサボらないブレーキ〉
七つは正念《しょうねん》〈人のいいなりにならないブレーキ〉
八つは正定《しょうじょう》〈ちょっとのことで、あわてないブレーキ〉
「どうだい、小石くん。これだけのブレーキをスムーズに操れたら、世界一の名ドライバーだぞ」
「和尚、ぼくはカローラで精一杯です」
と、いうのを聞いて、大石くんが手を

打って笑う。

「ハハ、小石は本音をいいましたよ。しかし〈八正道《はっしょうどう》〉という薬を、暴走車のブレーキにたとえると、よくわかりますね。さすが和尚だ」

「ありがと。さあ、おつぎは無等等呪だ。このダラニは、何物にも比べようがない、すばらしい呪文だ、といっている。

さきほど、人間は欲の車に乗っている、といったが、欲には五種類ある。大石くん、覚えているかね」

「はい。食欲・性欲・睡眠欲と財欲・名誉欲です」

「なるほど。さすが大石くん」

「和尚、お返しですね。ありがとうございます」

「ところで、よく〈大欲は無欲に似たり〉というね。同じ欲でも、小石くんと違って、お釈迦さまは、八つのブレーキを見事に操って、菩薩という名の仏さまになった。

菩薩の欲は、

〝仏の心も、自分の心も、大衆の心も、みな一つ。だから、大衆の苦しみは、自分の苦しみ。ならば、苦しむ大衆を一人残らず、救ってあげよう〟

という大欲さ。これを〈**仏の誓願《せいがん》**〉という。大石くんの誓願は、どういう願いかな？」

小石くんの手が、さっと挙がった。

「和尚。大石さんのは性願です」

能《のう》除《じょ》一《いっ》切《さい》苦《く》　真《しん》実《じつ》不《ぶ》虚《こ》の巻

「こらっ、小石よ！　よくもおれのことを和尚の前で、性願だけだ、といったな。そんならおれは、まるで色気違いじゃないか」

大石くんが、大柄な体をゆすって目をむくと、

「性願だけだ、なんていいませんよ。じゃあ、大石さんはセックスはお嫌いですか。ぼくは大好きです」

小石くんも、開きなおった。

「そりゃあ、おれだって嫌いじゃないけど……、しかし、性願とは、きついことばだよな」

「これこれ、二人とも静かにせんか。菩薩《ぼさつ》という仏さまの誓願《せいがん》は、セックスの

願いと違って、仏さまの願《がん》かけのことじゃよ。

仏の誓願については、いずれ、ゆっくり話をするから、さ、大石くん。いつものとおりに、読み下しをたのむよ」

「はい、分かりました。――能《よ》く一切の苦を除く。それは真実であり、虚《むな》しから不《ず》――です」

「いいぞ。ついでに意味もな」

不意に、小石くんが手を挙げた。

「和尚。今日のことばは、ぼくにも、よくわかります」

「お、ほんとかね。それじゃあ、お願いしようかな」

「はい、般若心経という呪文は、〈どんな苦しみでも取り除いてくれる。それは真実のことであって、うそではありません〉という風に受け取れました」

「大石くん、小石くんに座ぶとんを三枚やっておくれ。

ところで小石くん、どんな苦しみでもというが、苦しみには、どんな苦しみがあるのかな？」

「さあ?」

小石くんは困った顔つきで、大石くんの方をチラと見やった。

「おれも忘れっぽいが、おまえは、もっとひどいねえ。たしか最初のころ、〈一切苦厄《いっさいくやく》〉のところで、四苦八苦の話を聞いたような気がするぞ」

「そういわれれば、そんな気が……、あっ、思い出しました。

四苦八苦は、肉体の苦しみと精神の苦しみです。肉体の苦しみは、生まれる苦しみと、老いる苦しみと、病にかかる苦しみと、死ぬ苦しみ、の四つです。

また、精神の苦しみは、愛する者と別れる苦しみと、憎んでいる者と出会う苦しみと、求めるものが得られない苦しみと、ありあまる精気をもてあます苦しみの四つ、これで合計、四苦八苦でした。ありがとう、大石さん」

「よくやったよ、小石。このまえ二人とも十二因縁を忘れていて、恥かいちゃったもんな。しかし和尚。この四苦八苦という苦しみは、人間だれもが体験していることですよね」

「そうだね」

「それでも、自分の身の上に苦しいことが四〜五回も重なると、

〃ああ、もうだめだ。おそらく日本中で、私ぐらい不幸な人間はいない！〃

と、嘆き悲しむのは、どうしてでしょう」

「それが人間の悲しい性《さが》だな。いや、人間ばかりじゃない。神さま仏さまの世界にも、こんな話がある。むかし、インドに訶梨帝母《かりていぼ》という鬼女がいた。日蓮宗では、鬼子母神《きしぼじん》ともいう……」

「あっ。それ知っています。入谷《いりや》にあります。左手で子どもを抱いている安産の神さまです」

「小石。だまって聞け」

大石くんに叱られて首をすくめた。

「そう、入谷の寺にも、雑司《ぞうし》が谷《や》の寺にも祀られている鬼子母神は、五百人の子持ちだった……」

「えーっ。五百人も！　だから安産の神さまなんですね」

と、またも口をはさむ小石くんを、大石くんがにらむ。

……鬼女は五百人の子どものうち、末っ子の氷掲羅天《ひきゃらてん》を溺愛していた。

「どうして鬼女なんて、いうんですか」

「それはな、夜な夜な町へ出て幼児を誘拐し、殺して食うという趣味を持っていたからだ……」

……毎日のように幼児が消えていくので、パニックに陥った町の女の人は、托鉢をしていたお釈迦さまに助けを求めた。そこでお釈迦さまは鬼女の留守中に、末っ子の氷掲羅天を神通力で鉄鉢の中にかくしてしまった。帰ってきて、氷掲羅天がいなくなったことを知った鬼女は半狂乱になって、何日も町中を探し回ったが見つからない。疲れはてて、お釈迦さまに哀願した。お釈迦さまは、

〝訶梨帝母よ。そなたは五百人の子の中で、たった一人いなくなっても、そのように嘆き悲しむ。悲しみは、そなただけではない。毎夜、そなたに食われた幼児の母親は、そなたと同じ悲しみにひたっているのじゃ。もう二度と、人の子を食うことはやめて正道に戻るがよい。そのかわり、この果物を食して、仏

鬼子母神（訶梨帝母）

教の守護神となれ〟

と、さとして熟れたザクロの実を渡し、氷揭羅天を訶梨帝母の腕の中に現してやった……

「和尚、やっとわかりました。あの鬼子母神が右手に持っている丸いものは、ザクロだったんですね。そういえば、あれはなんとなく人肉を思わせる」

「こらっ、やめろ！」

一喝した大石くんは、ため息まじりにいう。

「なるほど。訶梨帝母も、だれもが同じ苦しみを味わうことを知ったのですね。けれども般若心経という呪文を唱えたら、あらゆる苦しみがなくなると、いいきっているから、お釈迦さまはたいしたもんだ」

「大石くん、苦しみがなくなるんじゃない。苦が楽になるのさ」

「え！　楽になるって？」

「そうさ。自分一人だけが苦しんでいる、と落ち込んでいたのに、まわりにいる人が、みんな同じように苦しんでいることがわかったとき、フッと気が楽になるんだよ」

「赤信号、みんなで渡ればこわくない、ですね」

「ばかやろう！　そんな群衆心理じゃないんだよ。しかし和尚。ホッと安心する気持ちはわかるような気がしますが、楽になるって本当でしょうか」

「だから真実にして虚しからず。つまり〝すべてほんとうのことであって、決してウソじゃないよ〟って、いっておられる。弘法大師もこのことについて、**〈妄語《もうご》はすなわち長夜《じょうや》に苦を受け、真言はすなわち苦を抜き楽を与う〉**と、いっている」

「ちょっと和尚、妄語や長夜って何ですか」

「妄語はウソのこと、長夜はあの世のことさ。ウソをつけば、長夜つまりあの世へ行って、永遠に苦しむということだよ。小石くん、きみはウソをいうかい？」

「いいえ、ぼくはウソはいいません」

「ウソつけ！　それがもうウソなんだよ。人間なら、だれだって、一度や二度はウソをつく。ウソをつかないのは仏さまだけだぞ」

「おいおい大石くん、ウソも方便といってな、仏さまもウソをつくときがあるぞ」

「えっ！　そんなバカな。ウソも方便というのは、自分に都合のいいようにウソをつくことでしょ」

「いや、それは違う。方便を、大石くんの都合のいいように解釈してはいけないよ。お釈迦さまはね、方便のことを、こういっておられる……」

……たとえ本当のことでも、相手のためにならないことは、いってはいけない。

けれども本当のことであって、しかも、それが相手のためになるならば、たとえ相手にとって不愉快なことであっても、それをいってあげなさい……

「仏さまの真実のことば、それは真言だ。真言そのものである般若心経は、本当に人びとの苦しみを取り去ってくれる。これは方便ではないよ」

「大石さん、ぼくは、ちょっと和尚に訊きたいことがあるんだけど」

「なんだい。今ごろ遠慮するなよ。勝手に訊けばいいじゃないか」

「だって、大石さんはすぐにどなるからな。じゃあ和尚、ちょっと聞いてください。

実は、ガンの告知のことなんですが、ぼくが勤務している会社の……社長のお母さんは去年、亡くなった。七十六歳だった。血色もよく元気な老人で、社長のお父さんである会長といっしょに、よくゴルフを楽しんでいた。

市役所からの無料検診の通知が届いたので、ある日、病院へ行って診察を受けた。

一週間後、医者はきびしい顔で、お母さんを正面から見つめて、いきなりいった。

「あなたは血液のガンに侵されています。あなたのいのちは、あと一カ月しかありません」

ピンクのブラウスを着たお母さんは、ゴルフ焼けした顔で、

「先生、悪い冗談はやめてくださいな。私、どこも痛いところや苦しいところなんかないのよ」

といったが、医者が本気であることがわかると、目の前が真っ暗になり、その場にくずれ落ちたのである。翌日から緊急入院させられ、

「まるで自覚症状がないのに、入院なんてつらいわねえ」

と、いっていたお母さんも、精密検査を受けているあいだに症状が進み、あの明るかったお母さんが、すっかり沈み込んでしまった。

「夏に宣告されてから、それでも半年は持ちました。結局、お正月を迎えて、まもなく亡くなったのですが、社長は、いかにも残念そうに、

〝あのとき、医者が黙っていてくれれば、本人は知らないままで、寿命いっぱ

い生きられたのに〟

って、何度もいうんです。やっぱり医者は、本人には黙っていたほうがよかったんでしょうかねえ」

「ウソも方便と一口にいうが、方便の正しい使い方は、ほんとうに難しいものだよ。

いつだったか、京都の禅寺の老師が入院した。

〝わしは充分に修行を積んでいる。なにがあっても驚かないから、病名をいってもらいたい〟

といわれるので、医者は正直に、ガンであることを告げた。それを聞いた老師の顔色が変わった。医者があきれるほど動揺し、悩んだあげく、ついに、座禅道場で首を吊って死んだという話だ」

「とんでもない。自殺は殺人罪だって、和尚がいつも、いってるじゃないですか。よりにもよって、老師ともいわれる坊主がなんですか！」

「そんなにいきり立つな。人事《ひとごと》じゃないぞ。おれだって、突然、医者から、

〝あと一カ月のいのち〟って宣告されたら、どうなるかわからない。

和尚、おれは気が狂うかもしれません。小石。おまえはどうだい？」

「へええ、大石さんでもねえ。ぼくなら……そうだッ！　せっかくお釈迦さまが、真言は一切の苦を除く、といってくださってるんだから、般若心経を唱えまくります。そしたら、ガンが雁《がん》になって飛んでいくかもしれない」

故説《こせつ》般若《はんにゃ》波羅《はら》蜜多《みた》呪《しゅ》　即説《そくせつ》呪曰《しゅわつ》 の巻

「和尚。今日は、おれたちに菩薩《ぼさつ》の誓願《せいがん》の話をしてくれるんですよね」

と、大石くん。

「ほい、そうだったわい。ところで前々回の話では、大石くんの性願は〝セックスしたい〞という、小さな願いだったね……」

と、和尚は大石くんの顔を見て、チラッと白い歯を見せ、

「……だが、菩薩の誓願は、仏さまの大きな願《がん》かけじゃよ」

と、続ける。小石くんが下を向いて噴き出した。

「それでは今日のところを、小石くん読めるかな」

「は、はい。ええーっと、〝般若波羅蜜多《はんにゃはらみた》の呪《しゅ》、呪は呪文のことですよね。呪

を説く、即ち、説いて呪に曰《もう》す〟かな？」

「そこは、〝即ち呪に説《と》いて曰《いわ》く〟と読むのだ。さて、大石くん」

「ところで意味はどうかな？　と、おっしゃるんでしょう。でも、おれには無理です。できません。なぜなら、〝般若心経の呪文の説明をしろ〟といわれても、般若心経が始まってから、この般若波羅蜜多ということばが出てくるのは、これで五回目ですよ。もう何もいうことありません」

「そんなことないぞ、大石くん。きみはさきほどから菩薩の誓願を、しきりに尋ねているじゃないか。さあ、ちょっとおさらいをしてみよう。般若というのは、何だったかな」

「仏の智慧です」

「波羅蜜多は」

「彼岸、つまり悟りの境地です」

「そう。その悟りの境地のことを菩提《ぼだい》というが、そこへ行くには？」

「修行をします」

「その修行をしよう！　と決心すると、まず目標を定め、それを達成したいという願いを持って誓いを立てる。これが誓願さ。大石くんだって何か願いを持っているだろう」

「そりゃ大いに持っていますが、しょせんかなわぬ願いです」

「なにをいう。仏さまは、人間の頭に、かなわない願いは浮かばせないんだよ。いったん頭に浮かんだことは、願い続ければ、必ずできるものさ。だからこそ、菩薩は〈**四弘誓願**《しぐせいがん》〉という四つの願かけをする。それは……」

……一つは、衆生無辺誓願度《しゅじょうむへんせいがんど》＝それは〝あらゆる人びとを悟りの彼岸に渡らせてください〟という願い。

二つは、煩悩無尽誓願断《ぼんのうむじんせいがんだん》＝それは〝すべての人びとの心に持っている煩悩。そのもとになる欲望は、まるで真夏の空に浮かぶ積乱雲のように、つぎからつぎへと湧き上がってきます。その尽きることのない欲望を断ち切らせてください〟という願い。

三つは、法門無量誓願学《ほうもんむりょうせいがんがく》＝それは〝自然の道理である仏法の真理は、量《はか》り知れないほど深い教えです。その教えを、どこまでも学ばせてください〟という願い。

四つは、仏道無上誓願成《ぶつどうむじょうせいがんじょう》＝それは〝だれの心にも、仏さまの心になる種が植えつけられています。悪い縁から遠ざかって、修行を積みますから、この上ない悟りの境地を成就させてください〟という願い。

「どうだい。菩薩の願かけは、ずいぶんスケールの大きな願いじゃないか」

「うーん、難しいですね。はっきりいって、よくわかりませんが、一つめの衆生無辺と、二つめの煩悩無尽は、他人のためですよね。

そして三つめの法門無量と、四つめの仏道無上は、自分のためじゃないでしょうか」

「よくわかっているじゃないか。おお、そうだ！　大石くんは大菩薩峠を知ってるかい」

「……」

「はーい、知ってます」

小石くんの明るい声が返ってきた。

「山梨県にある、標高二千メートル近い山です」

「ほう、よく知ってるね。実は、あの峠という字には、菩薩の四弘誓願が込められているんだよ。

一つめの衆生無辺誓願度と、二つめの煩悩無尽誓願断は、人びとのための修行だから、合わせて〈下化衆生《げけしゅじょう》〉という」

「ははあ、下は衆生を化《ば》かすんですね」

とたんに、大石くんの声がとんできた。

「菩薩は仏さまだぞ！　仏さまが、人びとを化かすわけがあるもんか。それはきっと衆生を教化するんだろうよ。ねえ、和尚」

「大石くんのいうとおりだ。そして三つめの法門無量誓願学と、四つめの仏道無上誓願成は、上は菩提を求めること、つまり自分のための修行だから、合わせて〈上求菩提《じょうぐぼだい》〉という」

「なるほど。上求菩提と下化衆生ですね」

「峠という字は、中国から来た漢字ではない。日本でできた文字でな。菩薩の般若波羅蜜多行を、山にたとえてある。だから……」

「和尚! それを、ぼくに読ませてください」

「ほう。小石くん、やってみるかい」

「はい、菩薩の修行を山にたとえて、山偏に、上は上求菩提を表し、下は下化衆生を表して……ええーっと」

「これが菩薩の真骨頂! というんだよ」

「そうでした。大石さん、ありがとう」

「いやいや、だけど和尚」

と、大石くんが真顔になった。

「二つめの誓願のところで、一口に〝煩悩を断つ〟などというけれど、今、おれたちは体も健康だし、家族もいる。家のローンもあるし、会社で出世もしたい。それを少しばかり座禅をしたところで、とても悟りが得られるとは思えません。人間の煩悩を取り除くなんてことは、不可能なことではないんでしょうかねえ」

「きみのいうことはよくわかる。だが、よく考えてみると、人の心に湧き起こる煩悩は、自分でも気がつかない生命の奥深いところから生まれてきている。だから煩悩は自分でも、どうにもならない感情じゃよ。大石くんは、菊作りを見たことがあるかい」

「いいえ、ありませんが、菊花展は何度か見ました」

「和尚。ぼくも菊人形展は行きましたよ」

小石くんも口をはさむ。

「そうだ。菊人形の会場でも、かならず大輪の菊花が見られるね。大石くん、どうしてこんな話をするのか、わかるかい」

「いいえ、わかりません」

「大輪の菊作りは、菩薩作りに似ていると思ったからさ。考えてごらん。

菊を育てている間に、邪魔になるのは雑草だ。雑草は悟りの邪魔になる煩悩だ。煩悩という雑草は、抜いても抜いても、あとからあとから生えてくる。仕方がないから雑草はそのままにしておいて、菊の根元に栄養分の高い肥料をしっかり施してやる。そうすると菊は、どんどん大きくなって、雑草を追い越し、やがて大輪の花を咲かせる。

すると、こんどは自然に雑草が枯れてしまって、堆肥《たいひ》となり、自分から菊の栄養分となってしまうんだよ。

人間の煩悩だって同じこと。それを断ち切って取り除くことはできないから、そのままにしておく。

そして、菩薩になろうと決心した気持ちの根元に、悟りの知恵や慈悲の心という、栄養分の高い肥料を、たっぷりかけてやれば、やがて菩薩という大輪の花を咲かせることになる。

ふりかえってみると、あの小さな菊のときに、邪魔になった煩悩、たとえば性願のような小さな欲望は、かえって菩薩という大輪の菊の花を育てる堆肥だった、ということに気がつく。わかるかい大石くん」

「うーん、難しいです。菊を育てる話はよくわかりますが、菩薩を育てることになると、ちょっとどうも……

だいいち、悟りの知恵や慈悲の心という肥料をやるといわれても、何のことやら、さっぱりです」

「大石さん」

小石くんが、遠慮がちな声で呼びかけた。

「ちょっといいですか。さきほどからお聴きしていますと、ぼくには、和尚さんは、どうも四弘誓願《しぐせいがん》のことをいわれているように思えるんです」

「ふーん。どうして？」

「だって、一つめの衆生無辺誓願度や、二つめの煩悩無辺誓願断は、下化衆生という慈悲の心、いいかえたら、人びとを思いやる大きな欲でしょう。

それから三つめの法門無辺誓願学や、四つめの仏道無上誓願成は、上求菩提という悟りの知恵、いいかえたら、これも仏さまになりたいという、でっかい欲じゃないですか」

「なるほど。和尚！　どうなんでしょう」

「うむ。小石くんのいいたいことは、大欲というのは、世間大衆のためを考えることで、自分一人だけの食欲、性欲、睡眠欲、財欲、名誉欲の五欲を追っかけるのは小欲だ、ということだね」

「そのとおりです」

「さて、その小欲、つまり小煩悩を断つなどと考えないで、小煩悩を、そのまま大欲、つまり大煩悩に変える知恵、それが悟りの知恵なんだな。

いいかい、密教修行の一つに〈月輪観《がちりんかん》〉というのがある」

「待ってました！」

「なんだそれは、小石くん」

「えへへ、和尚がいつか、密教座禅のことをいうだろうな、って思っていました。絶対、知りたかったんです」

「月輪観というのは……」

……座禅をする者の二メートルほど前に、満月の掛軸をかける。

修行者は半跏座《はんかざ》という座り方をして、その満月を見つめて瞑想に入る。

ところが今は、真っ黒な雲がかかって、何も見えない。

その真っ黒な雲が煩悩だ。瞑想をしているとき、いろいろな考えが浮かぶ。

〝いや、こんなことを考えてはいけない!〟と思って、打ち消す。するとまた、別の考えが浮かぶ。

〝また浮かんだ。いけない、いけない!〟と打ち消す。また浮かぶ……を繰り返すが、〝こんなことをしてはいけない〟と思ってはいけない。

妄想が浮かんでも捨てておく。捨てておくと、その妄想は消えて、つぎが浮かぶ、また消えて……そのことが気にならなくなり、だんだん頭の中が透明に近くなって、ようやく月の形がぼんやりと見えてくる……

「わかってきました。煩悩が肥料になることが、すこし理解できます」

羯諦羯諦《ぎゃていぎゃてい》　波羅羯諦《はらぎゃてい》　波羅僧羯諦《はらそうぎゃてい》　菩提娑婆訶《ぼじそわか》の巻

「和尚、おはようございます」

「はい、おはよう。

　さて、この般若心経の話も、ようやく終わりに近づいたようだ。大石くん、いつものとおりに、続きを読み下してもらおうかな」

「それがです。今回にかぎって、羯諦《ぎゃてい》という字が四つも続いているので、句読点をどこにつけて、どう読んでよいやら、さっぱり分かりません」

「ぼく読めます」

　とつぜん、小石くんが右手を高くあげた。そして、まるで歌うように唱え出した。

♪ギャーテーギャーテー　ハーラーギャーテー　ハラソーギャーテー　ボージソワカ♪

「おまえ、どうして？」

大石くんは目をむいた。

「えへへ。実は小さいころ、おばあちゃんが毎朝、仏壇の前で、お唱えしていたリズムを急に、思い出したんです。

子どもの頃に覚えたことって、忘れないもんですねえ」

「なるほどねえ。じゃあ、それは、どんな意味なんだい」

「知りません。いまだに分からないんです」

「なるほど。リズムやメロディーが耳に心地よくひびくと、意味なんか分からなくても、英語やロシア語の歌でも、原語のままで、口ずさむようなもんだな。

でも、やっぱり意味は知りたい。和尚。〝ギャーテー、ギャーテー〟って、どんな意味ですか」

「〝行こう、行こう〟だよ」

「英語でいえば〝レッツ・ゴー！〟だ。〝さあ、行こう〟と、呼びかけているのさ」

「えっ、何ですって？」

「こりゃ驚いた。和尚の口からレッツゴーだって。

和尚。おもしろそうですね。レッツ・ゴーって、一体どこへ行くんですか。そのあとを聞かせてください」

「どこへ行くったって、決まっているじゃないか。悟りの世界だよ。そこで、まず……」

……初めの羯諦は、声聞《しょうもん》で悟りを求める人たちに向かって、

〝さあ行こう！〟

と、呼びかけている。

「小石くん、声聞って、どんなことだったかな？」

「はい。えーと、仏さまのお声を聞いて、悟ろうとしている人、つまり、お経を読んだり、写経をしたりして、お釈迦さまの教えを学ぶことです」

「ほう、なかなかいいぞ。では縁覚《えんがく》とはどんなことだったかな？」

「はい。座禅をして、自然の移り変わりや、人間の生活を考えて、縁を覚《さと》ることかな。

あれ？　分かんなくなっちゃった。大石さん！」

と、助けを求める。大石くんは、軽くうなずいた。

「あいよ。瞑想して、人と宇宙とのかかわりである十二因縁に気がつき、目覚めることが縁覚。ついでにいうと、人生の苦しみの原因を追求してその解決法を見出す、苦集滅道《くしゅうめつどう》を知るのが声聞です」

「さすが大石くんだな。その縁覚で悟りを求める人たちに向かって」

……〝さあ行こう！　あなたも私も行こう、行こう〟と呼びかけているのが、二番めの羯諦だ。

そのつぎ、三番めの波羅羯諦《はらぎゃてい》は、くわしくいえば〝波羅蜜多羯諦《はらみたぎゃてい》〟だが、この般若心経では〝蜜多〟が省略してある。

「和尚、思い出しました。波羅蜜多は彼岸という悟りの境地だから、波羅羯諦は〝彼岸に行こう〟ですね」

大石くんは、静かな口調でいう。

「その通りだ。さて、つぎは四番めの〝波羅僧羯諦《はらそうぎゃてい》〟だが、こんどは」

「和尚、ぼくにいわせてください！」

「ほう、小石くん自信を持っているね」

「はい、それは菩薩を目指している人に〝行こう、行こう〟というのです」

「うん、いいぞ。僧を菩薩を思ったのはさすがだよ。そこで〝行こう、行こう、みんないっしょに！〟というのが本当だな。そして最後に……」

……娑婆訶《そわか》は完成する、成就する、ということだから、〝悟りの世界に行きつくまで〟となる。

もう一度、小石くん流に歌うと、

♬さあ、行こう　声聞の人も行こう　縁覚の人も、あなたも私も菩薩の人も、彼岸に行こう、悟りの世界に行きつくまで、行き続けよう♬

「和尚、もしかして、この行こう、というのは〝修行をしよう〟という意味ですか」

「その通りですよ。ついでに訊くが、菩薩の修行は何だったかな?」

和尚のことばを聞いた大石くんが、同情する。

「小石よ、やぶへびだったなあ。だいじょうぶかい」

「任しておいてください。えへん、それは**六波羅蜜行**《ろっぱらみつぎょう》といって……」

……(1)**布施**《ふせ》という、人に施しをする修行。
(2)**持戒**《じかい》という、自分を戒めるおきてを守る修行。
(3)**忍辱**《にんにく》という、人から辱《はずかし》められたりいじめられてもじっと耐える修行。
(4)**精進**《しょうじん》という、毎日の仕事に快く一生懸命に励む修行。
(5)**禅定**《ぜんじょう》という、いつも心を落ち着けて生活する修行。
(6)**智慧**《ちえ》という、正しく物事を見て、道理にかなった判断をする修行。
「この六つの修行を続けるのがコツなんですよ」

和尚が拍手をしたので、小石くんは真っ赤になった。

「よく覚えていたね。こうして修行を続けていくと、ひとりでに悟りの世界に行けると思うと、そうはいかないぞ」

「どうしてですか」

「〝反六波羅蜜行《はんろっぱらみつぎょう》〟という修行の嵐に遭うんだよ」

「なんですって？」

思いもかけない和尚のことばに、大石くんまでが大きな声を出した。

「いいかい。自分は菩薩になろうと決心して、六つの修行をしても、他人の目は違うんだな。たとえば……」

……布施の行をしていると━━甘く見られて、〝そんなに人にあげるほど持っているなら、かわいそうな私にちょうだい〟と、ねだられる。

持戒の行をしていると━━〝なんだあいつ。いやに上品ぶりやがって、鼻もちならないぜ〟と、悪口をさんざんいわれる。

忍辱の行をしていると→〝あいつには何をいっても、いくらでも耐えてくれるから平気だよ〟と、相手をますますつけ上がらせる。

精進の行をしていると→ときには、やっかまれて、さんざん妨害を受けることになる。

禅定の行をしていると→周囲の騒音や、意地悪な連中の騒ぎにあって、平静な心が乱される。

智恵の行をしていると→肉親や親しい者との情に、つい流されて、せっかく澄んだ頭脳が曇らされる。

「なあーるほど。これはたしかに修行者の心に吹き荒れる暴風雨ですね。そうすると、どうなります」

「がっくりして、くさる者もいる。また、やけくそになる者もいる。

『観音経』というお経に、こんなことが書いてある……」

……むかし、インドの貿易商が、五百人の仲間といっしょに帆船を仕立てて、金銀財宝を求めて船出しました。

大洋のど真ん中で大時化《しけ》にあい、帆は破れ、舵は壊れて、漂流の末に見知らぬ島にたどり着きました。

上陸してみると、大きな屋敷がありました。その門から、大勢の美女が陽気な歌声をあげて出てきます。

地獄で仏、と喜んだ一行は、どうか泊めてくれるようお願いすると、快く引き受けてくれました。

ある日、女たちから「絶対に、のぞかないように！」と、止められていた物置を、一人の男がのぞきました。

なんと物置は、るいるいたる死体の山でした。

この島は〝鬼が島〟だったのです。美しい女は人喰い鬼だったのです。

ひそかに全員を集めて海岸へ行きましたが、船はありません。

いつ、鬼たちが追ってきて、殺されるかわかりません。進退きわまったとき、

一人の船員が、

「こんなとき、たった一人でも、観音さまの呪文を唱えたら、きっと助かるんだぞ！」

といって、呪文を唱えはじめました。

するとどうでしょう。沖の方から白波をけたてて、入道雲のような白馬が現れ、たちまち海岸にやってきて、みんなを乗せると、地上を駆けるような勢いで、島を離れたのです。

「これはなんの話か分かるかい」

「分かりません」

「これが反六波羅蜜行さ。金銀財宝は悟りの世界、大時化は周囲のやっかみや嫌がらせ、大勢の美女は誘惑、鬼は脅迫観念、要するに修行者の心の中のかっとうだな。そんなとき、呪文を一心に唱えれば、きっと救われる」

「でもそんな不思議なことってあるんでしょうか」

「小石くん。信じない人には、不思議は起こらないねえ」

「でも、和尚。危険が迫ったとき、般若心経を唱えようとしても、〝仏説摩訶《ぶっせつまか》般若《はんにゃ》……〟なんて唱えてたら、あまり長いので、間に合わないんじゃないですか？」

「心配しなさんな！　実は、小石くんが小さいころから覚えているギャーテーギャーテー……は、般若心経のエッセンスでな。急ぐときには、〝ギャーテーギャーテーハーラーギャーテー　ハラソーギャーテー　ボージーソワカ　ハンニャシンギョウ！〟と唱えれば、般若心経一巻を唱えたことになるんだよ」

「えっ、そうなんですか。ぼくは毎朝、仏壇の前で、般若心経をあげてから出勤するんだけど、そんなのでよかったら、あしたから楽でいいなあ」

「もうすぐ般若心経の話が終わろうというのに、おまえは、そんなことをいっているのか。和尚、何とか、いってやってくださいよ」

「なーに。毎日、危険にさらされているんだろうよ」

般若心経《はんにゃしんぎょう》の巻

「和尚、さきほどはごめんなさい」

小石くんは畳に両手をつき、ちょっと薄くなりかけた頭のてっぺんを、和尚に見せた。

「なんかな、小石くん」

「時間がたっぷりあるのに、たった二百六十二文字の般若心経を全部読まないで、〝ギャーテー、ギャーテー〟だけ唱えればすむ、といったことです。大石さんにも叱られて、深く反省しています」

「小石くんは、すなおでいいねえ。そのすなおな心で、般若心経を唱えたとき、お経が長くても短くても、かならず仏さまと通じ合うんだよ」

「ほんとですか」

「ほんとうだとも。般若心経という呪文はね、仏さまの秘密語だよ。たった一文字にも、何千という道理が含まれているから、ものすごい現世利益がいただける。

もしも小石くんが、旅行中、暴漢に襲われたら、大声で〝ギャー！〟と唱えたら、暴漢はびっくりして逃げてゆく」

「へえーッ、すごい！」

とたんに大石くんの叱声がとんできた。

「和尚！　いいかげんにしてください。今日は、般若心経のまとめでしょ」

「おお、そうじゃった。だが、ちょっと待てよ。この機会に、弘法大師が経験した般若心経のすごさを、話してあげよう……」

……弘仁九年（八一八）の春、京中に伝染病が大流行した。どの家からも病人のうめき声が洩れ、道端にまで昏倒している者が、大勢見られた。

嵯峨天皇は大いに心痛され、国民の病気全快を祈って、お写経をされた。天皇は、紺色の紙に、金粉を水に溶いた金泥を筆につけて、一字一字、心をこめて書き上げた後、弘法大師をお召しになった。

弘法大師が『般若心経秘鍵《はんにゃしんぎょうひけん》（般若心経を解く秘密の鍵）』という題名で、天皇に、ご進講を終えて退出すると、道端で苦しんでいた病人が、みんな起き上がっていたという……

「へええ、ほんとにすごい神通力だ！」

「さて、大石くん。きみの出番だよ。般若心経を、かんたんに振り返ってもらおうかな」

「きっと、そういわれるだろうと思ってました。難しいけど、やってみます。おれは、こんな風に解釈しました……」

……般若心経には〝無〟という字が二十一回も出てくる。そこで無というのは、すべての物質は、いずれ消滅して無になり、この宇宙は空っぽになるのか、と思っていたら、そうではなかった。

〝空〟は空っぽではなく、目に見えないエネルギーがいっぱいつまっている蔵なんだ、と気がついた。

それでは、この蔵の中で、人間が楽しく生きていくには、どうすればいいか、を、人間研究の第一人者、お釈迦さまが教えてくれている。

一つは〈**三科の法門**〉という、人間の体のしくみを知って、

二つは〈**十二因縁**〉という、先祖と自分と子孫とのつながりの法則を覚って〈**縁覚**《えんがく》〉となった。

三つは〈**苦**《く》・**集**《しゅう》・**滅**《めつ》・**道**《どう》〉という、四諦説《したいせつ》の法則を聞いて〈**声聞**《しょうもん》〉になった。

けれども縁覚や声聞で悟った羅漢《らかん》さんにとどまらず、最後は〈**菩薩**《ぼさつ》〉になって、世のため人のために尽くさなきゃいけない、ということがわかった。

そこで〝さあ、菩薩の道を行こう、行こう〟というので、一巻の終わりです

……


「うーむ。よくわかるよ」

和尚と小石くんが拍手をすると、大石くんは赤くなり、いかつい体を曲げて、ペコリと頭を下げた。

「ぼくは〝人間は四苦八苦する〟っていう、和尚の話が一番、耳に残っています。

和尚。あの話を、もう一度やってくれませんか」

「うむ。人は四苦八苦する、その原因を追求して、解決法を見きわめられたお釈迦さまは、みごとな達見だな。ところで小石くん。きみは、風が吹くと、桶屋が儲かる、って話を知ってるかい」

「はーい。そういうことなら任せてください。まず……」

……風が吹くと→ほこりがたつ→目にゴミが入る→目が見えなくなる

↓瞽女《ごぜ》のための三味線が売れる↓猫が少なくなる↓ねずみが増える↓桶をかじる↓桶屋が儲かる……

「ざっとこんな具合です。それが？」

「うん。和尚も四苦八苦を、そんな具合に展開してみよう……」

……四苦八苦は体の四苦と心の四苦である↓その原因を尋ねてみると、人間には百八つの煩悩があるという。

「和尚、知っています。除夜の鐘を百八つ、ついて、一年間の悪業を消すんでしょう」

「小石よ、何でも、知ったかぶりにいうんじゃないの」

大石くんに、またもや、たしなめられた。

……百八つの煩悩を、とことんつきつめると、**貪**《とん》（欲）と**瞋**《じん》（怒り）と**痴**《ち》（知恵のなさ）の三つに尽きる。

この三つが苦しみを生むもとになるので、これを人間の「**三毒**」という━━この三毒を少しでも減らすためには━━自分で戒めを持つこと。

「和尚、戒めって、**十善戒**のことですか」

「そのとおりだ。人間は、すこし調子がいいと、すぐ思い上がる。仏教の世界で、一番高い山を〈**須弥山**《しゅみせん》〉という。その山の頂上に立つことを〈**有頂天**《うちょうてん》〉という。

その頂上の広さは、片足が乗せられる広さしかない。右足を乗せようと思えば、左足をどけなきゃならない。

長く有頂天にいたいと思えば、二十年や三十年、幸運が続いても、わがままを出さないで、いつまでも片足で辛抱するしかない。これが戒めだよ。

これを忘れると、たちまち足がはずれて、奈落の底に墜落する」

有頂天
須弥山

「ああ！　大石さん、この話を聞いて兎の逆立ちの人がたくさんいますね」

「……？」

「兎が逆立ちすると、耳が痛いでしょ！」

……そこで、**戒を守っていると**→禅定《ぜんじょう》といって自然に**心が落ち着いてくる**→すると智慧がわいてきて、物事の道理がよくわかるようになる→人間の根本の欲は、もしかして〝色欲〟と〝貪欲《どんよく》〟らしい→そこで俗世間から離れて出世間《しゅつせけん》をすると→苦が楽になるのだ→振り返ってみると、いままで欲は毒であり、生は苦だと思っていたのが→ほんとうは、自分一人の小さな欲が毒で、公共のための大きな欲は薬なんだ→そうすると欲は、禁ずべきものでなく、生は苦ではないんだ→そう思って、すなおに生きれば、欲も生も大きな力を発揮する→そして、心を正しく働かせれば奇蹟が、起こる→自分の願いが人類の願いと重なったとき、みんなのために願うことが、自分の願いであり→これが神通力となって奇蹟を生む……。

拍手が起こった。大石くんも小石くんも嬉しそうだ。

「和尚、四苦八苦の風が吹いて、最後は神通力という大儲けをする話は、よくわかります。とくに自分の願いが、人類の願いと重なるなんて、とてもすばらしいことですけど、簡単にはできませんよね」

「大石くん、身近に、いい例がある。きみは正力松太郎という人を知っているかい」

「ええ、ずっとずっと以前、読売新聞の社長だった方でしょ」

「そう、警視総監までやった人だが、乞われて、傾きかけていた読売新聞に入社し、会社を大発展させた人物だよ……」

「和尚。その人が読売巨人軍を作ったんでしょ」

「おや小石くん、よく知ってるね」

「もちろん、ぼくは子どもの頃から、巨人ファンですからね」

「日本でラジオが普及し始めたころ、正力さんは、自分が明日のラジオ番組を知りたかった。

そこで新聞に、初めてラジオ番組表を掲載したところ、大反響を呼んだ」

「じゃあ、プロ野球を始めたのも、正力さんが野球大好き人間だったからですね」

「小石くんのいうとおりだ。だから正力さんが亡くなったとき、告別式で、当時、財界の大立者だった、川合良成さんが、こんな弔辞を捧げた……」

……正力さん。あなたは大衆それ自身でした。あなたが好きなことをやれば、それが大衆の好みとなった。だから、その事業は成功したのです。しかも、あなたは、それを決死の勢いでやりました……

「どうだい。自分の願いが、大衆の願いと同じ。正力さんのやったことは、菩《ぼ》薩行《さつぎょう》だったから、神通力が働いてうまくいったんだな。

これを菩薩の〈**自利利他行**《じりりたぎょう》〉というのさ」

「ふーむ。じゃあ正力さんは〝プロ野球菩薩〟かな」

つぶやきを聞いた大石くんが、にらみつけても平気な小石くん、

「あのー和尚、神通力がつくと、具体的にはどうなるんでしょうか。たとえば空を飛べるとか、水の上を歩けるとか」

「うむ。昔からそんなことをいうが、それは観念の問題でな。そのことについて弘法大師は、般若心経をこんな風に解説している……」

……〝医王の目には、途《みち》に触れて皆、薬なり〟その意味は、医王とはお釈迦さまのこと。世の中の真実の姿を見ることができないのは、見る人が眼病を患っているからだ。病に重い軽いがあるように、悟りが開けるのも、性格や欲望が異なるから、人によって速い遅いがある。

けれども、医王の目から見れば、道端に生えているどんな草でも、薬にならないものはない……

「小石くん、これが神通力だよ。何事もお釈迦さまのように、とらわれない、すなおな目で見て、いったん目標が決まったら、般若心経を唱え、正力さんをまねて決死の勢いでやるんだな」

「あ、思い出しました。和尚、般若心経のいちばん最初のお話に、塙保己一《はなわほきいち》っていう目の見えない学者が、般若心経を百万遍唱えて、神通力をいただき、なんとかいう日本一の図書……」

「ああ『群書類従《ぐんしょるいじゅう》』かい」

「そう、その図書目録を完成させましたね。もしかして正力さんは、ひそかに般若心経を何万遍と唱え続けていたのかもしれませんね」

「うむ。ありうることだな」

「そうだとすると、ぼくも決心しました。般若心経をせめて一万遍唱えようと」

「小石よ、なんのために？」

「そりゃもちろん、家族が健康で、無事にローンが返済できて、子どもが立派に育って、いい大学に入れますようにって」

　そのことばが終わる前に、大石くんの目がつり上がった。

「それが大衆の願いと一致するのかい？　そんなことをいっているようじゃあ、まだまだおまえは、欲ボケ菩薩だぞ」

「でも、人間だれでも同じようなことを望んでいるんじゃないですか。大石さんだって同じでしょう？」

「うーむ」

「それを〝うちだけが〟と欲ボケ菩薩になるから、つい、子どもを甘やかしてしまい、無責任な子どもにさせてしまう。それが家庭崩壊や学校崩壊につながるんじゃないでしょうか」

「おやおや、立場逆転だな。たしかに小石くんのいうように、子どもには戒めということを教えなきゃいかん。

　だがな、戒めを守ることは苦しい。この般若心経には、苦という字が多い。苦は、古い草と書く。古い草は苦《にが》い。苦いのは心臓の薬だ。だから苦い草を楽しむのさ。

昔の先生は鞭《むち》を持っていた。いってみれば鞭は苦い草かな。だから教えることを〝教鞭《きょうべん》をとる〟というんだよ」

ひざを打つ大きな音がした。大石くんだ。

「和尚。それだ。おれたちのような何も知らない親に、般若心経の苦い草を食べさせてやってくれませんか！」

心の修行塾

仏教を生活に生かす道を学ぶための講座。場所は大日寺にて毎月第一土曜日（午後3〜6時）と第2木曜日（午後6時〜9時）に開かれています。その他の講座もあります。

密教通信講座

大日寺では密教通信講座（6ヶ月コース）を開講しています。一日一時間、自宅で実践、学べて、覚えられ、人間完成のために密教の基本を身につけられます。6ヶ月でマスター出来ない場合は、3ヶ月単位で何回も受講できます。

詳しい問い合わせは下記まで。

東京都渋谷区代々木5-5-4
大日寺
☎ 03（3465）5351

大栗道榮（おおぐり・どうえい）

代々木八幡大日寺住職。高野山真言宗大僧正・傳燈大阿闍梨・本山布教師。日本文藝家協会会員。日本ペンクラブ会員。1932年、徳島県四国八十八カ所第十三番霊場に生まれる。中央大学を経て、高野山専修学院を卒業。1977年、東京代々木に大日寺を建立。傳燈大阿闍梨として僧侶指導にあたるほか、働く人のための「密教通信講座」を主宰して難解な密教を生活に活かす道をやさしく説いている。
著書に『人生の悩みが消える空海の教え』(三笠書房・知的生きかた文庫)『空海！感動の人生学』『ポケット般若心経』(以上、KADOKAWA・中経の文庫)『図説密教入門』『図説「理趣経」入門』(鈴木出版) など多数。

本書は、1999年12月にリヨン社より発刊した『元気が出る哲学～般若心経入門～』を改題し、加筆等により再編集したものです。

二見レインボー文庫

心《こころ》が洗《あら》われ、迷《まよ》いが晴《は》れる! 般若心経入門《はんにゃしんぎょうにゅうもん》

著者　大栗道榮《おおぐりどうえい》

発行所　株式会社 二見書房
東京都千代田区三崎町2-18-11
電話 03(3515)2311［営業］
03(3515)2313［編集］
振替 00170-4-2639

印刷　株式会社 堀内印刷所
製本　株式会社 関川製本所

落丁・乱丁本はお取り替えいたします。
定価は、カバーに表示してあります。

ISBN978-4-576-17064-0
http://www.futami.co.jp/